孩子，有梦才能高飞

辛芝荣 著

中华工商联合出版社

图书在版编目（CIP）数据

孩子，有梦才能高飞 / 辛芝荣著. -- 北京 ：中华
工商联合出版社，2019.8
ISBN 978-7-5158-2524-3

Ⅰ. ①孩… Ⅱ. ①辛… Ⅲ. ①家庭教育 Ⅳ. ①G78

中国版本图书馆CIP数据核字(2019)第132140号

孩子，有梦才能高飞

作　　　者：	辛芝荣
责任编辑：	胡小英
装帧设计：	尧丽设计
责任审读：	李　征
责任印制：	迈致红
出版发行：	中华工商联合出版社有限责任公司
印　　刷：	大厂回族自治县彩虹印刷有限公司
版　　次：	2019年8月第1版
印　　次：	2019年8月第1次印刷
开　　本：	880×1230mm　1/32
字　　数：	180千字
印　　张：	6.5
书　　号：	ISBN 978-7-5158-2524-3
定　　价：	39.80元

服务热线：010-58301130
销售热线：010-58302813
地址邮编：北京市西城区西环广场A座
　　　　　19-20层，100044
http://www.chgslcbs.cn
E-mail：cicap1202@sina.com（营销中心）
E-mail：gslzbs@sina.com（总编室）

工商联版图书
版权所有 侵权必究

凡本社图书出现印装质量问题，
请与印务部联系。

联系电话：0316-8863998

青春，因梦想而美丽

没有梦想的青春宛如没有花开的春天，清清淡淡，没有活力。春天没有了花开，就失去了五彩斑斓的精彩；青春失去了梦想，人生就变得暗淡无光。

每个人都不乏梦想，或雄壮，或高洁，或唯美。在梦想面前，不懈追求方可换来一番伟业，而徒然彷徨只会越发惆怅。拥有梦想固然重要，而追求梦想更为可贵。

梦想，每个人都会有，但是为了梦想去努力的人并不多。有些人只会空想，只会立志，却从不为之努力，他们只是幻想家；只有在短短的人生中为梦想而孜孜不倦的人，才是真正的成功者。

实现梦想不仅仅要坚持不懈，更要有向困难发出挑战的勇气。如果只立下远大的梦想，却整天无所事事，遇到挫折就退缩，遇到困难就打退堂鼓，那么，梦想就只是一个梦。只有一直朝着梦想努力的人，才能成功。

人生就是一个拥有梦想、追求梦想、实现梦想的过程。正值青春年少的我们，拥有着春天的朝气、夏天的热情。因为年轻，我们有资本去挑战；因为年轻，我们有资本去奋斗；因为年轻，我们有资本去追逐自己的梦想。人生的价值需要创造，青春的梦想需要奋斗，年轻的我们应当脚踏实地地干实事，坚持不懈地为梦想努力一把。

从自身做起，从点滴小事做起，勤勤恳恳，用自己的行动充实青春的生活，用自己的智慧成就青春的梦想。"不积跬步，无以至千里；不积小流，无以成江海。"敢闯敢干，大胆实践，问题才会逐渐解决，知识才会逐渐积累，能力才会逐渐提升。

青春是用来奋斗的，梦想是用来实现的。在我们年轻时，我们应该用激情耕耘青春，用青春编织梦想，用梦想指引前行。孩子们，努力吧！用青春的斗志来实现个人的理想，用拼搏成就自己的梦想。

梦想是一场注定孤独的旅行，在追求梦想的人生道路上，我们少不了被人质疑和嘲笑。但这又怎样，即使被梦想磨炼得遍体鳞伤，也动摇不了我们对梦想执着而坚定的心，我们的青春也会因此变得更加美丽。

让我们的青春与梦想为伴吧！做一个对梦想执着与热情的人，为自己心中的梦，去磨炼自己的意志，去追逐美好的明天！

目录
CONTENTS

孩子，
有梦才能
高Ⅳ飞

第一章

梦想，是一切美好生活开始的地方

　　比尔·盖茨说过："有非凡志向，才有非凡成就，切实去执行你的梦想，以便发挥它的价值。"在生活中，有了梦想，便有了目标，日子才会更加踏实，人生旅途才能更好地扬帆起航。

　　一个人最幸福的事，就是在年轻的时候，在一生最美的年华中，与美丽的梦想有一场千载难逢的约会，并能用尽全力，证明自己在最美好的年华中，曾不遗余力地打拼。趁着我们还青春年少，趁着明天还有绚丽的阳光，趁着春天还没走远，请在心灵中种下梦想的种子吧，哪怕是一粒很小的种子！

请别忘了你此时的梦想

梦想是一个人的希望，是最美好的愿望，是富有诗意的憧憬。海子的《面朝大海，春暖花开》一诗中有这么一句话："从明天起，做一个幸福的人，喂马、劈柴，周游世界。"在海子的心目中，喂马、劈柴、周游世界就是他的梦想，也是他的幸福。

还记得第一次被问"你的梦想是什么"吗？你的回答是什么？当教师、科学家，还是宇航员、画家、音乐家？

每个青少年的心中都有一个美丽的梦想，可是在成长的过程中，有些梦想被新的梦想代替了，有些梦想还在延续着……然而，不管怎样，拥有梦想，积极地追逐梦想，是年少时最美好的事情。

青少年处在一个成长时期，也正处在一个有斗志、有理想、有追求的美好年代。再漂亮的衣服也有穿烦的时候，再美味的菜肴也有吃腻的时候，只有梦想，才能让青少年感到生活有奔头、有动力，在面对外界错综复杂的诱惑时，才能坚持自我，过得更加充实、快乐。

她被誉为"跳水皇后"，以优美的体形、轻盈的动作和稳定性好、压水花入水技术尤为突出而令万人瞩目。她是中国第一位奥运会跳板跳水金牌获得者，也是世界上第一位突破了600分跳水大关的女运动员，她创造了7年全胜的神话，在她的职业生涯中斩获了70余枚金牌。她就是开创跳水界"高敏时代"、人称"跳水皇后"的四川女孩高敏。

"我小时候特别爱做梦，小时候我的梦想就是考上清华大学，因为爸爸妈妈说那里如何的好，自己其实并不知道为什么。"高敏在回忆自己最初的梦想时这样说。原来，高敏出生于四川自贡市的一个知识分子家庭。受父母的影响，虽然高敏那时并不知道清华大学是什么，但她的梦想就是考进清华大学，因为清华大学在她的心目中代表着美好的事物。

小时候的高敏并不像很多女孩子那么斯文，反而像男孩子一样爱爬树、翻跟斗，这让父母很头疼。

6岁那年，高敏被父母送进了体校的体操班。最初，她很不喜欢枯燥的体操训练课，尤其是压关节，让她痛苦不堪。然而，在9岁那一年，学校组织游泳，一群小孩子在泳池里游得欢。高敏发现一双眼睛一直专注地盯着她。原来，这是体校跳水教练杨强来学校挑选"苗子了"，水性好且身体协调性非常棒的高敏立刻引起了他的注意。

杨强叫高敏从水中爬上来，检查她的手和腿是否够长，问："你想学跳水吗？"当时，高敏是个小机灵，她非常喜欢游泳，便反问："游泳要钱吗？"得知"不要钱"之后，高敏开心地回答说："好，我来。"

第一次去上跳水课，看到其他前辈队员穿着印有"自贡"二字的运动服和运动鞋，高敏感到很了不起。杨强老师给新到的孩子们介绍1米台、3米台、7.5米台，还有更高的10米台。介绍完毕之后，杨强指着3米台，问："你们谁敢从这里跳下水呀？"高敏是胆大的"假小子"，平时在玩耍时，也喜欢在河边的巨石上朝河里跳，看了看那跳板，觉得这也不比河边的石头高多少，就大胆地说："我敢！"

高敏迅速地爬上3米台，站在台的最前沿，"咚"的一声跳入池中。当高敏从池水中探出头来时，她惊喜地发现，所有人都在为她鼓掌。

这次经历让高敏受到了极大的鼓舞。不久之后，高敏也穿上了印有"自贡"二字的队服，她的心底升起了一股自豪感。从此，这个小女孩便开始了跳水的刻苦训练，也爱上了跳水。

一次，教练不在，小伙伴们逗高敏说："高敏，你敢跳10米跳台吗？"这是他们从未有过的训练，但大胆的高敏还是硬着头皮说："敢。"当她站在10米跳台上往下看时，她有点胆怯了，但又不好意思说不敢跳，便硬着头皮跳了下去。

这件事被杨强教练知道之后，当众训了高敏，并告诫她此事非常危险，不允许再发生。不过，高敏依然胆大好学，偷学了许多高难度的跳水运动，这让杨强教练感到不可思议。

时间一天天地过去了，高敏惊讶地发现，当时100多个小朋友来学跳水，最后只有自己一个人坚持了下来。"也是在那时，我发现跳水成了我的梦想。"高敏回忆说。

10岁时，高敏因悟性好，有拼劲，成绩突出，被选进了四川省跳水队。

15岁时，高敏入选了中国国家队。进入国家队之后，高敏在训练场和比赛中，更加拼命了。教练想出来的动作，不管难度有多大，高敏都敢去尝试，连教练都不敢想的，高敏也敢去做。

这时的训练比体操训练还辛苦，但高敏训练得更刻苦了，因为她有了一个属于自己的梦想——跳水。因此，不管多辛苦的训练，在她看来都值得。

功夫不负有心人，1986年，在第五届世界游泳锦标赛上，高敏赢得了3米跳板跳水的冠军。而后的几年间，她不断地突破自己，取得了一个又一个冠军，收获了"跳水皇后"的尊称。

梦想是让人前进的力量，梦想可以让人过自己想要的生活——有梦想的人会觉得生活有奔头、有盼头。兴趣是梦想的起点，梦想是兴趣的延伸。一个人的梦想即使很小，但有了梦想，平平淡淡的生活也会变得妙趣横生，变得无比快乐与幸福。

梦想启示

梦想是什么？也许是宏伟的理想抱负，也许是微小的某次考试中要达到的分数线，但我们要始终记住，梦想源于生活，源于我们内心的热爱，也是我们的兴趣得以发扬光大的动力。有了梦想，我们所有的坚持才会变得有价值。如果没有梦想，就宛如失去方向的航船，就会失去希望，难以拥抱快乐和幸福。

不忘初心，方得始终

　　如果一个人心存希望，幸福终将降临到他身上；如果一个人心怀梦想，机遇的光芒终将会笼罩着他；如果一个人敢于坚守梦想，他将会拥有不凡的人生。

　　马云曾说："有梦想是最开心的。要坚持自己的梦想。有梦想的人非常多，但能够坚持的人却非常少。阿里巴巴能够成功的原因，是我们的团队一直在坚持。有时候傻傻地坚持比不坚持要好得多。"

　　的确，梦想是需要坚持的，只要坚持不懈，就会实现。树立一个梦想很简单，但是坚持一个梦想，需要付出很多的努力。这就是为什么有些人能梦想成真，有些人却依然碌碌无为地活着。

　　很多人都羡慕天才，觉得他们毫不费力地就取得了成功。其实,这个世界上并没有什么天才,没有一个天才不是通过长期坚持不懈的学习奋斗而获得成功的。在通往梦想的路上,有很多道栏要跨过去,而此时,我们唯一能做的,就是将它们一道道地跨过去。

实现梦想也没有什么秘籍,选择小心地守护梦想,不轻易放弃,肯坚持,梦想才能成真。很多人在为梦想而努力、坚持时,总感到很心累,其实这大部分原因在于他们常常在坚持和放弃之间徘徊,举棋不定。遇到一些挫折,就想着要放弃,但又舍不得放弃,内心备受折磨,就会感到心累。因此,如果你决定了考什么大学或要做成什么事,就不要徘徊,要坚持下去,梦想会给你最好的答案。

杨振宁出生于安徽省的一个大家族,7岁那年,他随父母来到清华园,随后在清华大学附小就读。

从小,杨振宁的父亲就给他讲解太阳、地球和月亮是如何公转的,用大小皮球给他做示范。中学时代,杨振宁的数学成绩非常突出,他对物理学特别痴迷。12岁那年,杨振宁看到艾迪顿所写的《神秘的宇宙》,介绍了当时一些新的物理学现象与理论。他激动得无法入眠,冲到父亲面前说:"爸爸,我要当物理学家,将来争取获得诺贝尔奖!"

身为清华大学和西南联合大学数学系教授的杨武之太明白诺贝尔奖的分量，但又不忍心打击儿子的自信心，便鼓励说："好好学吧！"

杨振宁的这一个梦想在西南联合大学传开了，甚至有人打趣说："杨振宁的数学那么好，为什么不承父业攻读数学而学物理呢？哦，因为数学没有诺贝尔奖。"

杨振宁的高中只有化学，没有物理，因此他考大学时报的是化学系。但是，入学之后，16岁的杨振宁发现自己还是对物理学有着浓厚的兴趣，因此就转学到了物理系。

1956年，杨振宁与李政道提出在弱相互作用中宇称不守恒，获得了1957年诺贝尔物理学奖。这一年，杨振宁才35岁。

从12岁到35岁，23年的时光，杨振宁用实际行动实现了他少年时的诺言，实现了那时被别人认为不可能实现的梦想。

年少轻狂时，梦想可以很大，但能坚持到最后的，基本没有几个人。很多人过了些年后就忘了年少时许下的诺言，忘了年少时的梦想。说出一个梦想很容易，但坚持去做，却需要坚强的意志和信念，更要承受得住挫折，耐得住寂寞。

十年前，你的梦想是什么？三年前，你的梦想又是什么？你现在正在做什么？是否仍然为当年的那个梦想在坚持着？不忘初心，方得始终。

德国大诗人席勒说："只有恒心可以使你达到目的。"那么，什么是恒心呢？恒心就是持久不变的意志，是在坚持不下去的时候，能有再坚持下去的决心，能做到再坚持一下。在实现梦想的旅程中，坚持下去，将来的你一定会深深地感谢现在的自己不懈的坚持。

梦想启示

梦想能给予人不断前进的力量

丢什么也别丢掉梦想，因为它是无价之宝。

梦想是生命之根，从我们降生的那一刻起就和成长的足迹如影相随，是人生永不凋谢的花，是生在心底需要我们不停挖掘的无价之宝。我们为之穷尽一生，为之历尽千辛，一日又一日，一年复一年。

梦想，是指引人生的光。有人追其一生未果；有人为之远离家乡，跋山涉水；有人为之踉跄而行，却锲而不舍。梦想使人不顾一切，只想勇往直前。生命因梦想的粉饰而斑斓多彩，因梦想的闪烁而熠熠生辉，梦想给了我们无限的力量，是我们生命中的无价之宝。

梦想使人生更有意义，把很多人从困境中解脱出来。商店里

的学徒梦想着有朝一日能有属于自己的店铺，工厂里的女工梦想着
建立美好家园，出身卑微的人梦想着未来能有飞黄腾达的一天……
无论经历多少苦难，他们都不会屈从于命运，始终相信好日子就
在前面。

　　2002年，在美国有一起离奇案件：一个名叫塞尼·史密斯的46
岁男人，向芝加哥市法院递交了一份诉状，要求赎回他去埃及旅行
的梦想。

　　这个案情非常简单，但令人意外的是，其判决结果引起了轩然
大波。

　　40年前，塞尼·史密斯才6岁，正读一年级。一天，在品行课
上，老师玛丽·安小姐让全班24名学生说出自己的梦想，孩子们都
很踊跃。

　　在玛丽小姐让大家发言时，塞尼说出了两个梦想：一个是拥有
属于自己的一头小母牛，另外一个是去埃及旅行。轮到杰米时，他
却一个梦想都说不出来。

　　为了让杰米也拥有梦想，玛丽建议杰米可以向同学购买一个梦
想。因此，在全班同学的见证下，杰米用3美分向拥有两个梦想的
塞尼购买了一个梦想，塞尼就这样出售了他其中的一个梦想——去
埃及旅行。

40年过去了，曾经的小孩子已人到中年。在塞尼的努力下，他已在商界小有成就，也去了一些地方旅行，但他从不涉足埃及。其实，他并没有忘记去埃及旅行这个梦想，只是因为他把这一梦想卖掉了，而作为一个虔诚的基督教徒和一个诚信的商人，他只好遵守自己的诺言。

2002年感恩节前夕，他和妻子打算到非洲旅行一次，埃及的金字塔是旅行路线中的一项。因此，塞尼决定向法院提出赎回这个梦想，只有这样，他才能坦然地踏上那片土地。

然而，在他提交了诉讼之后，却被杰米拒绝了。在答辩状中，杰米表示："在接到律师的副本时，我正准备去埃及。这好像是我回绝史密斯先生要求赎回梦想的理由。其实，真正的理由是这个梦想的价值。小时候我很穷，穷到我连梦想都不敢有。然而，在玛丽小姐的鼓励下，我从史密斯先生那里购买了一个梦想之后，我的心灵就变得富有了，也不再无所事事地散漫，而是用心去学习。在这个梦想的鼓励下，我考上了华盛顿大学，认识了我的妻子，拥有了一段浪漫迷人的恋爱，而且我的儿子也受益于这个梦想，因为我从小就鼓励他说：'我有一个梦想，就是去埃及，如果你能获得好的成绩，我就带你去那个美丽的地方。'我猜也是在这个梦想的召唤下，他用心读书，才考入了斯坦福大学。

"如今，我也拥有了自己的事业，在芝加哥拥有总价值2500万美元的6家超市,这都是去埃及旅行的梦想给我的财富。因此,这个梦想已经融入了我的生命之中,与我的生活、命运紧密相连,密不可分,它就是无价之宝。"

因此,经联邦法院审定,这个梦想价值3000万美元。赎回一个3美分的梦想,需要花费3000万美元。如果塞尼一定要赎回去,就会倾家荡产。在很多人看来,这是完全没必要的举动,也是不值得的。然而,后续的报道说,塞尼·史密斯先生已经上诉到联邦法院,表示哪怕要花3个亿,把官司打到曾孙那一代,也要赎回自己儿时的梦想。

一个小小的看似毫不起眼且不值钱的梦想,却给了人无穷的力量,让人在这一力量的驱使下创造了无穷的价值,这就是梦想的可贵之处。

英国大文豪莎士比亚说过:"从腐朽中发现神奇,从平常中看出非常。"人类最神奇的力量莫过于梦想的力量。因为我们心怀明天的美好,就不会计较今天正经受的痛苦。有伟大梦想的人,即使前面有铜墙铁壁,也阻挡不了他前进的脚步,因为梦想的力量在不断推动着他。

有梦想才会有希望，才会激发出内在的潜能，让我们去努力，以求得光明的前途。因此，请珍惜梦想给我们的力量，不要轻易丢掉或出卖梦想，因为一旦失去了梦想，千金也难以再回购。

梦想会助你勇敢走过困境

有句话说得好："人生并非尽是乐事。"在人生成长的途中，难免会遇到一些挫折和失败。心怀梦想，我们便会勇敢地面对挫折和困境，勇敢地克服困难和困境，朝着成功之路走去。

小时候，蹒跚学步时，我们走得跌跌撞撞，但是看着在面前张开怀抱的妈妈，我们就忘了可能会跌倒的疼痛，只想朝着妈妈的方向走去。也是在一次又一次的跌跌撞撞和拥抱下，我们学会了奔跑。梦想就像不远处妈妈的怀抱，它会指引着我们前进，让我们暂时忘记跌倒的疼痛而勇往直前。

在这个世界上，无论做什么，都有可能遇到很多困难。有些时候，我们所遇到的困难，可能会超乎我们的想象，超乎我们的承受能力。但是心怀梦想，就没有绝境，心灵就不会干涸，不愿放弃，即使再让人胆战心寒，也会一跃而过。

她相貌平平，有一点点害羞，又透露出某种野性。小时候，她最大的爱好就是写作和讲故事，这两样东西能让她忘记烦恼。

大学毕业之后，她只身前往葡萄牙当上了一名教师，与一位记者结了婚。然而，这段婚姻来得快，去得也快。

在和记者离婚之后，她成了一个带着3个月大女儿的单亲妈妈，她落魄地回到了英国爱丁堡。但是，这并不能改变她的现状，因为没有人愿意接受一个带着3个月大婴儿的母亲上班，她只能依靠微薄的失业救济金来养活自己和女儿，栖身在一间没有暖气的小公寓里。她的生活跌入谷底，但她并没有一蹶不振，而是坚强地生活着，因为她有一个非凡的梦想——成为一名作家。

一天，她从曼彻斯特搭火车去伦敦，火车因故晚点了4个小时，在百无聊赖的等待中，她环视着周边，突然发现一个戴着眼镜的瘦小男孩。当时她手边没有笔和纸，但是这个形象深刻地进入了她的脑海中，她便开始构思这样一个人物。回到公寓之后，她便着手书写关于这个小男孩的故事。时间一天天过去，进入了初冬，没有暖气的英国是非常寒冷的，这股冷气打断了她的写作灵感。

无奈之下，她只好推着婴儿车，走进了小镇里有暖气的咖啡馆，找一个不起眼的位置，拿起笔和纸，在这里写起了"小男孩"

的故事。刚开始，侍者还会礼貌地询问她要点些什么，但后来，侍者也不再去打扰她，让她安静地在那儿写作。

5年之后，这部小说在那个不起眼的咖啡馆里完成了。而这个穷困的女人，也悄然地展开了翅膀。几经周折，她的书得以出版，随后风靡全球。短短的几年时间，她的作品被译成了60多种文字，在200多个国家和地区出售，销售量达到几亿册。

这位穷困潦倒的年轻母亲就是《哈利·波特》的作者——J.K.罗琳。在她最穷困潦倒的时候，是她的梦想支撑起了她，让她不断为之努力奋斗，才得以成就她的人生传奇。

人在追求梦想时，总要面临各种困境的挑战，甚至要过"鬼门关"。这并没有什么可怕的。心怀梦想，我们就如打不败的超人，能把困境变为成功的跳板。

跌倒了并不可怕，可怕的是把我们的勇气给跌没了。也许我们曾经一无所有，但没关系。在艰难的岁月里，带着梦想出发，终能走出属于自己的一片天地。

梦想启示
在通往梦想的路上，不管遇到多大的挫折与困难，只要坚定信念，锲而不舍地挺过去，就能走出阴霾，迎来阳光明媚、风和日丽的日子。

坚持梦想的途中不忘给自己充电

一位知名演员说过这样一句话："你只看到萤火虫身上闪烁着的光明，却看不到它身后拼命扇动着的翅膀……"看到他人实现梦想的喜悦，我们只羡慕他人的成功，却看不到其背后所付出的汗水和巨大的努力。

成功者之所以能实现梦想，在于他们敢于追求梦想，也舍得为梦想付出努力，不断地充实自我，只为了有朝一日能够尝到梦想成真的果实。有些梦想为什么总是实现不了？大部分原因是追梦者不想付出，遇到一点挫折与困难，就不再付出，只想坐享其成，也不会花时间去给自己充电，只叹息这一切都不在自己的理解范围内。

一分耕耘，一分收获。只有付出努力，才能有所收获，这世界上不存在不劳而获。

从2005年到2017年，董卿主持了13年的春晚，从未缺席，董卿成了家喻户晓的名人。2017年，综艺节目《朗读者》开播，成为同一时段国内综艺最有话题性的霸屏者，身兼制作人和主持人的董卿，被赞誉为综艺主持的"清流女神"。

出生在知识分子家庭，董卿作为独生女从小就被要求每天抄写成语和古诗，并大声朗诵和背诵。为了保证女儿的身体素质，父亲每天一大早就要求女儿到操场上跑步1000米。从7岁开始，父亲就要求她做一些力所能及的家务，多读书和学习。从中学开始，她就被要求去做勤工俭学。

大学毕业后，董卿应聘到浙江电视台当主持人，干得如鱼得水。后来，应父母的要求，董卿决定去上海电视台应聘主持人。幸运的是，她从700多名应聘者中脱颖而出，成了上海电视台的一分子。但不幸的是，刚来到上海电视台时，根本没有节目让她做，其他人也不理会她，因为她是同行眼中的新人。在上海春节晚会上，她只能跑前跑后，负责联络和催场，近在咫尺的舞台，却不属于这个心怀梦想的女孩。

在这被忽视的时光里，董卿选择了读书，给自己充电。随后，她顺利考进上海戏剧学院的电视专业。沉寂了一段时间后，董卿抓住了机会，成功主持了《相约星期六》的节目。

但不久，董卿又迎来了人生的一段低谷时期，为了更靠近自己的梦想，她利用空闲时间，报考了华东师范大学古典文学专业的研究生，继续为梦想做好起飞的准备。

随着她学识和经历的日益积累，她的美丽和魅力终于得以被发掘，最终成长为"央视一姐"，深受广大观众的喜爱。

梦想是一场修行，无论何人想实现梦想，都要内外兼修。莎士比亚说过："书籍是全世界的营养品。"当你感到迷茫，你情绪陷入谷底，整天昏昏沉沉时，请找一本好书来阅读，从书中吸取正能量，不断地修炼，这样你的精神会受到一次洗礼，你的综合素质也会得以提升。

梦想的舞台是变幻莫测的，想要在这个大舞台上赢得更多的掌声和鲜花，就需要拥有高超的舞技和过硬的本领，这就需要不断地学习。因此，如果你有梦想，请别忘了多花点时间阅读，多花点时间学习，不断提升自己。

在我们的生活中，有那么一些人，他们的学历虽然很高，但很多年过去后，他们开始变得碌碌无为，停在原地，没有任何的进步。这是因为他们总满足于自己的现状，宁愿花时间去打牌、喝酒，也难以静下心来阅读一本书。殊不知，学海无涯，知识随着时代的发展而发生着日新月异的变化，人也需要不断地更新自己的知识库，才能跟得上时代的步伐。一个人要想圆梦，就一定要坚持学习。

梦想启示

古希腊著名哲学家苏格拉底说："世界上最快乐的事，莫过于为理想而奋斗。"为梦想而拼搏的人，无疑是最幸福的。但不管如何，一定要脚踏实地，不断地充实自我，在追梦的路上不断地给自己充电，这样才能更新自己梦想的生命力，走向梦想的顶端。

"宝剑锋从磨砺出，梅花香自苦寒来。"有梦想，就努力去实现吧。将梦想付诸行动，多一分努力，多一分付出，多一分汗水，就会多收获一分快乐，少留一分遗憾。

第二章

用品质为梦想的实现铺设一条阳关大道

哲学家康德说过："世界上有两样东西永远值得我们敬畏，那就是天上灿烂的星空和人内心的道德法则。"一种美好的品质能爆发出无穷的人格力量，助我们在圆梦的路上成就那些不可能完成的任务和不可能实现的目标。

带着品质追梦，一切不可能都能成为可能。

建设属于自己的 "品质银行"

　　"品质银行" 是无形的，肉眼看不见，但确实在生活中存在。不管是在大城市，还是在乡村、城镇，每个角落都存在着我们看不到的 "品质银行"，只有用心灵才能感知。每个人都有一个 "品质银行" 账号，账号中的数目有多大，到了关键时刻，它就会呈现出来，起到关键作用。

　　无论我们做什么，都离不开个人的品质，那是我们修养出来的与众不同的智慧，是为人处世最重要的。在追求梦想的过程中，人的能力固然重要，但最重要的还是人的品质，品质才是一个人的灵魂。

　　有人说："我学历高，品质差一点也没事吧。" 错！即使你有很高的学历，但没有品质，你的学历就是一张废纸，你的品质将会毁掉你的美好前程。文凭、学历只能证明一个人过去受到了什么样的教育，读过多长时间的书，而品质才是衡量一个人能力大小的标杆。

一个人能否实现自己的伟大梦想，靠的不仅仅是自己的一技之长，必要时更要他人的一臂之力，而品质是吸引别人靠近的最好技能。

俞敏洪在创办新东方时，他期待能有得力的合作伙伴，与他共同开创未来，实现梦想。在前往邀请远在美国和加拿大的那些昔日北大同窗时，他并没有多大把握。然而，当他发出邀请之后，却发现很多同学愿意放弃大好的发展前景，选择回来同他一起去实现新的梦想。

是什么人格魅力使得俞敏洪能够成功地邀请到那些出色的同学呢？其实，这离不开俞敏洪昔日在"品质银行"的账本上存下的一笔又一笔"品质款"。

10年前，在北京大学西语系上学时，俞敏洪吃苦耐劳的精神得到了全班同学的肯定，他自愿担任宿舍卫生员，主动每天为室友们打开水，直至大学毕业。10年后，老班长王强意味深长地说："俞敏洪，我们回来是冲着你为我们打了4年开水的份上。我们知道你有这种精神，有饭吃绝对不会只给我们粥喝，因此，我们愿意回来干新东方！"

多少年后，俞敏洪受益了，用品质来稳固了自己来之不易的事业。

一个人的"品质银行""账本"有多厚，可以体现出这个人的人生价值的大小，是支撑这个人发挥其才能的基础。如果一个人没有品质，不管他有多努力，即使暂时实现了自己的某一项需求，最终也会沦落为一个失败者，体会不到梦想成真的喜悦。

如今社会，是一个更加看重诚信、尊崇品质建设的社会，一个人的品质体现着一个人的人生价值。因此，为了我们的梦想，请从现在开始，多给自己的"品质银行"存下几笔"品质基金"吧。

梦想启示

"品质银行"是无形的，其中的"账本"也是无形的，但它又是时时刻刻被感知到的。一个有着良好品质的人，会给周边的人带来安全感，也吸引着其他人的靠近，从而实现自己的伟大梦想。

诚信是金，要信守诺言

诚信乃为人之本。没有诚信，人就如空壳一样，没有了坚实的灵魂；没有了灵魂，在追梦路上飘飘浮浮，必然难以抵达梦想的彼岸。

回看中华民族上下五千年的历史，成功之士往往恪守诚信的道德品质。商鞅变法之所以能成功，离不开商鞅的"立木为信"；曾子的故事之所以能流传，是因为他"今之欺子，是教子欺，母欺子，子而不信母，非所以成教也"的信仰。在追求梦想的路上，他们无不先给自己打好"诚信"这一根基。

"人无信而不立"，高楼大厦之所以屹立不倒，是因为有着厚实的地基，诚信就宛如人生的"地基"，需要踏踏实实地扎下根基，才能高耸入云。

诚信与我们生活的点点滴滴皆有关系,一个讲诚信的人必定是一个善良正直的人,是值得人敬佩的人。

宋庆龄是20世纪举世闻名的伟大女性。作为中华人民共和国的最高领导人之一,她拿着国家一级工资,还有相当大数额的职务津贴,也曾获得数额巨大的斯大林国际和平奖奖金,但她始终过着简单和廉洁的生活,把斯大林国际和平奖奖金全数捐给了中国福利院,建造了上海国际和平妇幼保健院,且把大部分的工资救济生活困难的亲友。她不但从小就有遵守诺言的品质,而且后来居高位之后,她始终保持着诚信是金的好品质。

小时候,宋庆龄最喜欢听母亲给她讲故事,有一个故事让宋庆龄铭记在心,也成了她这一生的坚持,那就是《自食其言》的故事:

春秋战国时期,鲁国有一名大臣叫孟武伯,他有一个最大的缺点,就是经常食言,这让鲁国君主鲁哀公对他有很大的意见。

有一天,鲁哀公宴请群臣,当时另外一个大臣郑重也参加了本次宴会。孟武伯一向不喜欢郑重,想让郑重下不了台。因此,俩人见面之后,孟武伯故意提高声音说:"郑先生,您最近怎么又发福了?"

鲁哀公听了之后,哈哈大笑,接过话说:"一个人经常把自己的诺言吃掉，就很容易肥啊！"

大臣们听到，便知道鲁哀公一语双关，并不是在批评郑重，而是暗指孟武伯说话不算数。

这个故事给了宋庆龄很大的启示，也让宋庆龄学会了信守诺言的重要性。

有一天，父亲准备带全家人去一位朋友家做客，当所有的孩子都穿戴整齐，准备出发时，宋庆龄突然停下了脚步，说："爸爸，我不能去。"父亲问她："怎么啦？"宋庆龄说："我想起来昨天我答应了好朋友小珍，要在家里等她，教她做叠花。"

"这事不要紧，改天再教她也不迟呀。走，我们去伯伯家做客。"父亲一边帮女儿解围，一边拉起宋庆龄的手便走。

"那可不行，她要是来了，看不到我，这不好的。"宋庆龄把手抽回来。

"没事的，孩子，改天再跟小珍解释一下就行啦。"在一边的母亲开导女儿说。

"不行啊，妈妈，您不是常说要信守诺言吗？我要信守我的诺言。"宋庆龄坚定地说。

这时，她的父母相视而笑，连连点头称赞。

等父母回到家，看到宋庆龄一个人在家，并没有其他的小朋友，便问："你的朋友小珍呢？"

宋庆龄回答说："她没有来，可能临时有事吧。"

"都叫你和我们一起去啦，一个人在家多寂寞呀。"母亲听了心疼地说。

"我不寂寞呀，虽然她没有来，但我因信守了诺言而感到高兴呀。"宋庆龄开心地说。

讲诚信的人，处处受人欢迎，在实现梦想的路途中，遇到困难或挫折时，旁人也乐意出手相助；而不讲信用的人，人们会忽视他的存在，也许他需要的只是他人的"举手之劳"，但他人也不愿意给他行这个方便，他实现梦想的路上会寸步难行。因此，我们每个人都要讲诚信，用诚信的品质来给我们的梦想大厦奠定一个坚实的基础。

梦想启示

让诚信成为我们梦想的掌舵者，载着我们乘风破浪，到达梦想的彼岸，驶向更美好的明天。如果你想成功，请用真诚打动他人的心，让诚信助你一臂之力，帮你实现你心中的梦想。请带着诚信出发吧，相信这个世界会因你的诚信而变得更加美好。

一把椅子换来一次机遇

　　法国大作家雨果说过："人的一生最重要的品质是善良。"一个人的价值不在于他外貌的美丑，也不在于他财产的多少、地位的高低，而在于他本身人格里善良的品质。

　　善良是春天里的清风，能够拂去人们追梦途中的疲惫，让人精神焕发；善良是夏天的雨，灌溉着梦想的田园，让希望的田圃绿意盎然；善良是秋天的果实，带给人们收获的喜悦；善良是寒冬里的暖阳，让人在面对挫折时看到一缕光芒。善良，是一种精神的力量，是一种精神的平安，是一种以逸待劳的沉稳，它让我们在追梦的路上充满着无限可能。

　　在实现梦想的过程中，举手投足之间的一个不经意的善举，往往会让我们受益终生。

一个午后，一场大雨突然倾盆而下，街上的路人纷纷就近避雨。

菲力是一名费城百货商店的员工，此时他正在上班。这时，一位全身被淋湿的老妇人走了进来，她的衣服简朴，有点狼狈，菲力迎了上去，诚心地问："夫人，请问我能为您做点什么吗？"

老妇人微笑着说："谢谢你，不用了，我只想进来避一下雨就走。"

老妇人焦急地看着天空，好像雨一时半会儿停不下来，在别人屋檐下避雨，不买点东西，似乎有点不太近情理。因此，老妇人就在店里转悠起来，看看有没有什么是需要的。可是，实在是不知该买什么。在老妇人露出迷茫的眼神时，菲力走了过去，温和地说："夫人，请您不必为难，我给您搬一把椅子放在门口，您只需坐着休息等雨停再走就行了。"

一个小时过去了，终于雨过天晴，老妇人向菲力道谢，向他要了一张名片后就离开了。

三个月之后，费城百货公司的总经理詹姆斯先生收到了一封信，信中要求将菲力派往苏格兰收取装潢一整座城堡的订单，并让他全权负责几家大公司的采购任务。这就意味着，这可以给费城百货公司带来巨大的利润，甚至超过他们公司的两年利润之和。

当詹姆斯与写信人取得联系时，他惊奇地发现，这一封信是三个月前曾在百货商店避雨的老妇人写的，而她正是当时美国亿万富翁"钢铁大王"安德鲁·卡内基的母亲。她被菲力的善举打动了，为了感谢菲力因此把他推荐给了她的儿子。

当菲力到达苏格兰时，他已被升为费城百货公司的合伙人。随后的几年中，菲力以他一贯的踏实和诚恳，成为卡内基的左膀右臂，他的事业也得以飞速发展，成为美国钢铁行业内仅次于卡内基的重要人物。

在此之前，菲力根本没想到一个善举可以给他的事业带来如此大的成就。他并不吝啬他的善良，因为他觉得发自内心的善良，表面看起来微不足道，却能给他人带来无限的温暖。他的善良是不讲究报酬的，但生活对他善行的回报是巨大的。

古人云："勿以善小而不为，勿以恶小而为之。"每日行一善，善待身边的每一个人，"赠人玫瑰，手留余香"，那么，我们生活的世界中将开满善良之花，人人都将会感受到美好和幸福，在我们实现梦想的路途中，也会多了成功的可能。

值得注意的是，虽然善良是值得肯定的品质，但不带脑子的善良不但害人害己，还有可能助纣为虐，贻害无穷。在行善时一定要分清情况，弱者的自我保护永远是第一要义，且对恶人的善良，就是对自己的伤害。在罪恶面前，宽容并不是善，让罪恶得到惩罚，

让正义得到伸张才是真正的善。但是，不管如何，请不要因为自己
曾经的善做了蠢事而选择放弃善良。

一个人心怀善意，对世界、对他人善良，是值得颂扬嘉许的。
正因为有了善良，才让世界充满仁爱，让世界溢满温馨，世
界也愿意为他打开一扇门。

年轻人，圆梦的路上并不是一帆风顺的，也许会有风雨，也许
会有凶险，但希望你们不要忘记善良，行善时，也请务必保
护好自己！

在平凡之中追求卓越

　　大多数人生而平凡，从呱呱坠地到上幼儿园、小学、中学、高中，也许我们领先过、优秀过，但是仍然有着许许多多比我们更加优秀的人，"霸占"了老师的关注和同学们的羡慕。的确，我们是一个个凡人，平凡得不能再平凡，然而，我们也有梦想，也许我们的梦想不及那些"别人家的孩子"的那么伟大，但梦想始终在我们心中。

　　因为我们是凡人，因此，在追求梦想的过程中，更要脚踏实地、勤勤恳恳地学习，让自己一点点地进步，一点点地提升，不断地向梦想靠近。没有人生来就出类拔萃，也没有人天赋异秉生来什么都会，的确，有些人会在某个方面有点小特长与专长，但如果没有付出艰辛的努力与汗水，这些人又怎么能真的梦想成真呢？

平凡，并不代表着碌碌无为；卓越，也并不意味着做得比其他人好，而是实现自我的超越。在生活中，每个人都有一颗不甘于平凡的心，那是对卓越的追求。追求卓越并不是追逐名利，而是带着梦想，在智慧和勤奋的基础上，用辛勤的汗水一步步地向梦想靠近。

1820年，南丁格尔出生在意大利一个富裕的家庭，受过良好的教育，但是，她却不顾父母的反对，毅然选择了当时受人歧视的职业——护士。

1853年，克里木战争爆发之后，南丁格尔主动申请，率领38名护士亲赴前线进行救护。每天，她提着灯巡视病房，竭尽全力排除各种困难，为伤员解决必需的生活用品和食品，士兵们亲切地称她为"提灯女士"。在南丁格尔的努力下，仅仅半年时间，伤病员的死亡率就从42%下降到了2%。战争结束之后，南丁格尔被人们推崇为民族英雄。

回国之后，南丁格尔拒绝了国家给她提供的物质待遇。1860年，南丁格尔用政府奖励给她的4000多英镑创建了世界上第一所正规的护士学校，培养了大量的人才。从此学校毕业的学生大多被聘请到欧、美洲等去开护士学校，大大地提高了世界的医疗水平。

1910年，南丁格尔在睡眠中溘然长逝。但是，她的精神却流传了下来。

1963年，国际护士会决定以她的生日5月12日作为"国际护士节"。

护士的岗位很平凡，但南丁格尔在这个岗位上做出了不平凡的成绩。在未实现梦想之前，我们甘于平凡，因此能聚集更多的力量去完成我们的梦想。只有学会甘于平凡，才会懂得享受平凡，才能学会在平凡之中创造卓越。

一年春天，一个国王到后花园去散步，意外地发现所有的植被都枯萎了。于是，国王生气地叫来了园丁。园丁解释说："矮橡树妒忌松树的高大，因此想不开自寻短见了；而松树妒忌葡萄能结果，活活气死了；葡萄又介怀于自己只能趴在架子上，因此也选择死去……"

国王一听，气得差点晕过去，说："好端端的日子，怎么都不过了呢？"一屁股坐到了草地上，这才注意到身边的小草绿油油的，便问："为什么只有小草活得好好的？"

园丁回答说："因为只有它才甘心做一棵小草，尽自己的本分，不觉得有什么遗憾，所以活得好好的。"

我们应该像小草一样，甘于平凡，要尽一个学生的职责，认真学习，明确自己的位置。甘于平凡，才能超越平凡，才能在平凡之中创造出不平凡。

梦想启示

每个人都有自己的梦想和选择，在未实现一番大事业之前，人都是平凡的。在平凡的生活中，什么样的生活是适合自己的，只有将来的自己才会真正知道，因为梦想的实现需要一个很长时间的信念加上饱满的热情和努力浇灌才能实现。

甘于平凡，并不等于甘于平庸，在平凡中默默地为自己的梦想添砖加瓦，相信有一天，必定能创造出卓越的成绩，实现远大的梦想。

把竞争对手当作患难之交

　　说起竞争对手，很多人都恨之入骨，巴不得把世界上所有与自己竞争的人都消灭掉。然而，真正聪明的人则把竞争对手当成朋友，甚至会不时地送"礼"感谢他们。

　　确实，竞争对手会让我们感到不安，如果没有他们，我们可以很顺利地取得成功，实现梦想。但是，世界上所有的事情都是在竞争中才得以进步和发展的，我们不可能缺少竞争对手。也因为有竞争，我们才能知道自己的不足，才能一直不懈地努力，最终在各种压力下取得成功，这比轻而易举就实现梦想更让我们感到高兴。

　　有一种珍奇的鳗鱼，它的生命力非常脆弱，只要一离开深海，不到半天就会死亡。因此，很少有渔民能捕回来活的鳗鱼。可是，有一位老渔民，他每次捕回来的鳗鱼都是活蹦乱跳的，原来他的秘诀是，在满仓的鳗鱼中放几条狗鱼，而狗鱼是鳗鱼的天敌，如此一来，船舱中的鳗鱼就被激活了。

动物如果失去了竞争对手，就会失去生命力。人也一样，如果没有竞争对手的存在，就会失去上进的动力。因此，我们要感谢对手的存在。

李嘉诚曾说："我不把竞争对手当成仇人，我想他们只是我的对手，我们共同成长和成熟。有时，他们是我的朋友。"不要仇视对手，这样不仅能够缓和我们与对手的关系，还能建立相互尊重、相互促进的友谊关系。

杨澜是一位集美丽与智慧于一身的女人，她气质端庄，博学睿智，大方得体，且从不张扬，给人一种赏心悦目的好感。

在杨澜的学业生涯中，她可算是一个学霸型的女学生，不过，她也有不顺心的时候，在上大学时，她的英语听力成绩并不是"A"，这对于事事追求完美的人来说是一个不小的打击，让她一度感到不自信。为了能提高听力，她在日记中写道："明天开始，我要有一个全新的开始，一定要充满信心地把自己的听力提高上去。"功夫不负有心人，经过半年的不懈努力，杨澜的听力终于提高了，她也变得更加自信。

1990年，中央电视台要推出一档大型综艺节目《正大综艺》，面向全国公开招聘女主持人。那一年，杨澜刚好从北京外国语学院毕业，遇到了这一次难得的机遇和挑战。

经过6轮的严格筛选，杨澜和另外一个女孩迎来了第7轮的终极对决。在决赛之前，举办方决定让杨澜和那个女孩到门口准备5分钟，然后用英语做自我介绍以及说出自己对节目的想法。

辛少英导演是《正大综艺》的创建者之一，在她去面试的办公室时，刚好路过两个女孩的身边，恰巧看到另外一个女孩正向杨澜请教两句英语的正确表述方式，杨澜非常友善地给出了正确的提示。但是，节目录用名额只有一个。在双方势均力敌的时候，对方的一个小错误就是一个好消息，杨澜完全可以不必理会那个女孩，抓住这个机会，给对手制造绊脚石。可是，杨澜并没有这样做。

而后，辛少英在向杨澜提出这个疑惑时，杨澜大方淡然地说："我并没有把她当作敌人，而是当作患难之交。"也正是因为杨澜这种对竞争对手大度的品质，让她大获成功，最终帮助她抓住了成功的机会。

梦想启示

在我们的生活中,合作与竞争无处不在。竞争,可以促进发展;合作更有利于取长补短,形成合力,使发展更健康、更协调。人各有所长,与竞争对手之间是惺惺相惜还是剑拔弩张,完全看我们个人的选择。把竞争对手当成朋友,往往能给我们带来无限的机遇,进而激发我们的才能和潜力。因此,不要嫉妒竞争对手的才能,以一颗平和的心对待竞争对手,更能接近梦想的彼岸。

第三章

境界有多高，梦想就能够飞多远

　　境界是一种导向，指引着一个人的各种社会行为的选择。一个人有什么样的境界，就意味着他会过什么样的生活。

　　有一句话说得好："你的心有多宽，你的舞台就有多大；你的境界有多高，你的梦想就能够飞多远。"在成长的道路上，请修炼你的品行，提高你的境界吧，这样你的人生梦想将会飞得更高、更远。

请带上爱去追求梦想

爱是什么？

爱有很多种解释，有关心他人的爱心，有热爱祖国的爱国，有珍惜事物的爱惜，也有爱工作的爱岗。带着爱上路，在他人遇到困难时及时伸出援手，在国家利益遭遇威胁时挺身而出维护国家的尊严，在学习工作面前孜孜不倦。

乔布斯说过："成就一番伟业的唯一途径就是爱自己的事业。"到了生活中的方方面面，亦是如此，而乔布斯"改变世界"的梦想能够实现，这离不开他始终带着爱出发。

爱生活的人，内心充满了正能量。对待生活中的琐碎，哪怕是每天面对柴米油盐，他也能保持足够的耐心，乐在其中，享受生活给他带来的安逸、幸福和快乐。也正因为有对生活的热情，一切的琐碎皆化成生活中的每一个快乐的音符，一键一个音符地把它弹奏过去，留下一段美妙的音乐。

爱学习的人，内心充满着求知欲望，对无穷无尽的知识有着谦卑的精神，哪怕只是对一项小技能、一本好书都是一副"求之不得"的样子，巴不得利用一切可以利用的时间，全身心地投入提升自我的轨道上来。也正是因为有了这样的热情，学习起来才会得心应手，才能更好地掌握知识技能，使人成长，在知识积累提升之后展现出自己强大的抱负。没有爱，每次坐到书桌前就会如坐针毡，难以学得下去，更不用说去掌握某一项知识或技能了。

爱工作的人，内心充满着干劲，即使是日复一日的工作任务也能充满激情，哪怕是整天面对冰冷的电脑和冷漠的同事，或是每天要加班至深夜，也是一副不在乎的态度。对待自己需要完成的工作，用心去做，做到尽善尽美。也正因这样的热情，再烦琐的工作也不会觉得辛苦，一切难题都会成为成长和进步的阶梯。

在郊区的一个小屋子里，一家三口人正在吃晚餐，擦得干干净净的木桌上放着3个面包和几片胡萝卜，这是他们的全部晚餐了。

"咚！咚！咚！"一阵敲门声，女主人打开了门，看到三个风尘仆仆的老人站在门口。其中一个老人看到女主人打开门之后，说："是这样的，上天了解到你们的家庭情况，也了解了你们的困难，就派我们来帮助你们。我是爱。"

"我是成功。"

"我是财富。"

三位老人各自报上自己的名字之后，一位老人又开口说："我们三个人中，你们可以选择一个留下，但记住，只有一次机会。"

男主人听后，一阵惊喜，连忙说："快，请财富留下，有了财富就有了一切。"

女主人不同意，说："亲爱的，为什么不留下成功呢？有了成功，做什么都得心应手，财富肯定也会有的。"

这时，在旁边的小男孩喊道："爸爸妈妈，我们为什么不选择爱呢，有了爱，我们就可以更幸福啦。"

男女主人对望了一眼，同意了儿子的看法："是的，我们还是请爱留下吧。"

当爱走进来后，成功和财富也紧跟着走了进来。男主人疑惑地问："你俩不走吗？"

三位老人齐声道："爱在哪里，哪里就少不了成功和财富，这是上天的旨意。"

爱是一切生命的源泉，拥有了爱，就拥有了通向希望、自由、奇迹和光明的道路。发自内心的爱，会让我们更专心地去做一切有助于实现梦想的事。因为爱，所以不遗余力地去完成它；因为爱，所以不会计较前路是否漫漫；因为爱，所以会有信念去守护它的达成。

　　爱是梦想成真的最好催化剂，它代表了人奋发图强、矢志不渝的决心。想象自己想要成真的梦想，是不是能够给自己足够的热情，然后倾注全力去践行？相信从我们得到了肯定答案的那一刻起，梦想的实现就只是一个时间问题了。

梦想启示

冰心说："爱在左，同情在右，走在生命的两旁，随时撒种，随时开花。"世界上许多事业有成的人，都源于爱。一个人的人生之花能否成功绽放，需要用一颗充满爱的心去守护。带着爱出发，让梦想之路上开满鲜花。

听从内心的声音，做出自己的抉择

闭上眼睛，聆听自己的心声，我们的梦想在哪里，哪里就是我们心灵的归宿。

人生没有草稿，一生中要面对很多选择，然而决定航向的往往只有几个。在选择面前，选择了这一个就得放弃另外一个，选择了这样的人生就要放弃另外一种人生。总之，鱼和熊掌不可兼得。人能找到自己真正喜欢做的事情是一种幸福。有很多事情对我们来说都意义重大，无法衡量，无法取舍，那怎么办呢？那就遵从本心，做出一个在我们往后的人生中回想起来都不会后悔的抉择。

青少年时期，人的好奇心是强盛的，也容易随波逐流，对很多事情都抱有兴趣，例如一时喜欢游泳，一时喜欢玩游戏，一时又喜欢和几个朋友组乐队。但不管如何，在我们的内心深处，总有那么一件事是经久不忘的，此时，请聆听心底的声音，选择做一件事情，抛开所有不必要的考虑，专心去做你喜欢的事情，把它做到极致，就能最大化地实现梦想。

不要害怕梦想太大，只有拥有很大的梦想，才能拥有无限的可能性。站得高看得远，梦想这东西也是一样。

杨丽萍出生于云南大理的一个白族人家，家境贫寒，从记事起，作为长女的杨丽萍每天都要给全家人做饭，照顾弟弟妹妹，放学后还要去采蘑菇、放牛、干农活儿，到了收获的季节，还要去拾麦穗。生活虽然清贫，但是每天晚上，白族村寨里的年轻人都会聚在篝火边，以载歌载舞的方式结束一天的辛劳工作。

在皎洁的月光下，村民们聚在河边一边唱歌一边跳舞。受生长环境的影响，杨丽萍自小就喜欢上了跳舞。一天傍晚，忙碌完了的杨丽萍正准备和几个小伙伴一起去跳舞，妈妈突然拉住了杨丽萍，在她的手心画了一只眼睛，并告诉她："手连着心，手心里的这只眼睛就是心灵的眼睛。你长大了，要学会用心灵的眼睛去看世界……虽然我们眼下的生活很艰苦，连双漂亮的鞋子都没有，但我们拥有着青山绿水和星星月亮，这是上天对我们的慷慨。"因此，在妈妈的教导下，杨丽萍从小就对家乡的每一棵小草、每一棵树有很深的感情，对家乡也有着非常浓厚的感情。

　　杨丽萍从11岁开始就跟随着西双版纳的歌舞团，到云南各个少数民族的聚居地去演出。当时的演出条件非常艰苦，没有汽车，经常要在崇山峻岭间走几个小时的山路到达另外一个地方，很多队友觉得非常辛苦，慢慢地就放弃了，但是杨丽萍心怀着一颗舞蹈梦，只要能够跳舞，就是一种享受。她用心地感受着自然界中的每一个生命，自然界和舞蹈也给了杨丽萍从未有过的生命体悟。她说："有些人的生命是为了传宗接代，有些人是为了享受，有些人是为了体验，有些人是为了旁观。我是生命的旁观者，我来世上，就是看一棵树怎么生长，河水怎么流，白云怎么飘，甘露怎么凝结。"

　　十年之后，一个偶然的机遇，杨丽萍进入了中央民族歌舞团，但是该舞团的民族舞训练并不适合杨丽萍，因为她习惯了靠对舞蹈艺术的直觉去跳舞。因此，她拒绝了集体训练的方式，坚持自己的练习方式。但是她的坚持并没有得到歌舞团的认可，她受到了不少的批评，连生活补助费也被取消了。不过，因为杨丽萍的舞蹈跳得很好，她仍然有不少演出的机会。经过独自用功，后来，杨丽萍创作了独舞《雀之灵》，这让她一举成名。

　　2002年，杨丽萍开始创作《云南映象》，投资方本想获得一台取悦观众的晚会，但杨丽萍的这一场演出中的演员大部分来自家乡田间地头的农民，这把投资方给吓跑了。不过，杨丽萍仍坚持自己的内心对舞蹈的追求，为了能继续开演，她拿出自己的全部积蓄，卖掉在大理的房子，走穴、拍广告赚钱，终于熬到了首演的日子。结果"非典"疫情的袭来，导致所有准备完毕的演出被迫停止……

历尽磨难，最终才得以云开雾散。2003年8月8日，《云南映象》终于在昆明成功举办。随后2004年4月10日，在北京保利剧院亮相，拉开了全国巡演的序幕。2009年，《云南映象》开始年度世界巡演，让中国艺术第一次进入全球最顶尖的PBS品牌系列"Creat Performance"，辛辛那提市市长特地将演出日命名为"云南映象日"，"云南映象日"就此成为辛辛那提市历史上一个特殊的纪念日。

一支优美的舞蹈能透露出心灵的气质，给人的身心带来无限的放松，这就是舞蹈的魅力所在。在杨丽萍的生命里，舞蹈就是她的灵魂，在坚持舞蹈梦的途中，她始终坚持从心灵深处出发，遵循自己的内心世界，最终实现了她的梦想。

梦想启示

听从内心的声音，不必在意外面是否有掌声。选择自己最喜欢的一件事情，把它当成最重要的事情来做，不随波逐流，不因外界的质疑而退缩，把这件事情做到最好，而不是去不断地尝试别人看好的事情，因为，梦想只属于你自己一个人。

低头是一种巧妙的智慧

从小，我们受到更多的教育是"永不低头"，因此，在很多人的意识里，低头是一种懦弱的表现。其实，在追梦路上，懂得适时地低头，是一种巧妙的智慧。

当谷子熟了，它会弯下腰低下头，当向日葵成熟了，它也会把头低下，这都是为了巧妙地避开危险，躲开雨水的冲击和小鸟的突袭。只有空空的秕子，才会高高地昂着头在风中招摇。人生亦是如此，至刚则易折，至柔则无损，上善若水，才是最好的选择。在追梦途中，能屈能伸，适时低头，方能顺利长远。

如果一味地低头，就会给人一种懦弱、无能、胆小怕事的感觉；但如果适时地低头，就不是委曲求全的懦弱，而是一种智慧，是一种"留得青山在，不怕没柴烧"的深谋远虑。

　　一天，有人来请教大哲学家苏格拉底："先生，您说，天和地之间有多高呢？"

　　苏格拉底回答说："三尺。"

　　那个人笑着说："三尺？怎么可能，您是在开玩笑吧？"

　　苏格拉底严肃地说："不，我的回答很严肃。三尺，天和地之间就是三尺。"

　　那人接着问："我们的身高都有五六尺高，天地只有三尺，这岂不是把三尺高的苍穹顶塌了？"

　　听到此，苏格拉底哈哈大笑，说："所以，如果你想立于天地之间，你就要记住，请低下头来！人只有记得低头，才可立于世。"

　　懂得低头是一种境界。懂得低头，才能看清自己脚下的路；懂得低头，才能忍辱负重；懂得低头，才是人生的风度和修养。诸葛亮"勿以身贵而贱人；勿以独见而违众"，低头能使人站得更稳。人的一生，都是在不断地处理人与人、人与社会、人与自然以及与自身的矛盾中度过的，而要处理好这些矛盾，一意孤行，必定会碰壁。

　　要想出头，就得先学会低头。很多年轻人凡事都忍不住，什么都要急着出头，这样除了自寻烦恼之外，并不会真的得到什

么。追梦路途,荆棘遍布,低调做人,梦想才会走得更加顺利、
更长远。

　　富兰克林是美国著名的政治家,在他年轻时,有一次他去拜访
一位长辈。那时的富兰克林年轻气盛,走起路来昂首挺胸,但他走
入长辈家门时,头狠狠地撞到了门框上,疼得他一边用手揉搓,一
边看看比标准稍低的门。

　　出来迎接富兰克林的长辈看到了他的样子,笑着说:"痛吧?
这就是你今天来拜访我最大的收获。人生在世,要想平安无事,必
须时时刻刻记住'低头'。"

　　这一次的经历给了富兰克林很大的收获,甚至把"人,要昂首
天下,但也要时时记得低头!"当成了他的座右铭。

　　一个人总是昂首挺胸地大步迈进,说不定什么时候就会撞上
"门框"。在追求梦想的路上,必须时时刻刻记住低头。低头不
是倒下,它能让我们更好地站起来。很多成功人士最终之所以能
登上常人无法攀登的高峰,正是因为他们懂得低头。勾践卧薪尝
胆,韩信受胯下之辱,这些典故充分说明了"小不忍则乱大谋"
的低头智慧。

人生在世，并不会事事都称心如意，弯一下腰，低一下头，这并不伤大雅。只要有自己做人做事的底线，心怀梦想，是不失颜面和尊严的，不能"死要面子活受罪"，能屈能伸才更坦然。孔子说"三人行，必有我师焉"，每个人都有值得学习的地方，天外有天，人外有人，学会低头，低调做事，才能让自己在实现梦想的路途中站得更稳。

人性是固执的，做到低头并不容易，尤其是血气方刚的年轻人。很多年轻人自我感觉良好，认为自己什么都懂，不知天高地厚。其实，一味地昂着头，会给人一种趾高气扬、不可一世的感觉，久而久之，他人就会觉得这是一种傲慢无礼、目中无人的表现，最终也将会遭人排挤。

如果不懂得在现实面前适时地低头，人生就不会有太大的成就，实现梦想的路上也会满是荆棘。

懂得适时低头，是一种巧妙的智慧，沉稳的成熟。有的人不屑于低头，直来直去，硬撑强做，奉行"宁为玉碎，不为瓦全"的信仰，到最后只会落得两手空空，伤害了别人，也断送了自己的前途。

人在低谷时，不妨低低头，给自己开另外一扇窗。懂得适时低头，生命中将多一份韧性、一份张力和一份成熟。

梦想启示

懂得低头，不是处处、事事卑躬屈膝，苟且退让，而是"该低头时且低头"，这与坚持梦想并不矛盾，而是相映生辉。所谓的低头，是适时的选择，是识时务者为俊杰的举动。

追梦途中，荆棘遍布，相信低调做人，信奉一句话——"虚心竹有低头叶，傲骨梅无仰面花"，也许，我们的人生会走得更顺利、更长远，我们的人生也会拥有宽容、大度的成熟和智慧。

第四章

觉悟，为梦想的实现提供原动力

　　觉悟是对身边事情的产生和发展产生的一种认识和理解程度。一个人的觉悟决定了其能动性地参与到自身及社会活动的方式和方法中，做出相应的行动。

　　当一个人真正觉悟时，他会收敛自己的行为，开始追寻他内心世界的真正财富。有觉悟方知取舍，在追求梦想的路途中，最怕的是三心二意，而内心的觉悟会让我们正确选择自己的行为方式，在利益和诱惑面前不为所动，只为梦想而奋斗。因此，在追求梦想的路途中，提高个人的觉悟，能为梦想的实现提供绵延不断的原动力，推动自己不断地向梦想靠近。

生活是最好的老师

　　生活是一本书，书中没有字，却处处都是学问，书中没有作者的名字，但每个人都是书的作者。善于解读这本书的人，不仅可以从中得到启示，在实现梦想的途中得以提升，还会为这本书书写更加美好的篇章。

　　生活就像一位长者，它会在小事中带给人深刻的启示。蚂蚁搬家是生活中最普通的自然现象，给我们的启示是干什么事都应该团结，只有团结才能做得更好；水滴石穿也是自然界中最普遍的现象，告诉我们要想成功必须要坚持不懈，才能把艰难的事情办好。

　　生活教会了我们如何为人处世，我们从生活中的微小现象中发现真理，帮助我们实现人生的梦想。苹果掉到牛顿的头上，他从中发现了万有引力；瓦特看到开水顶壶盖，发现了蒸汽动力原理；阿基米德洗澡时看到从水缸中溢出水，由此发现了浮力；等等。这些真理都来源于生活，善于发现的人因这些生活小事而大获成功。

在实现梦想的路上，也需要有一双善于发现的眼睛，从生活的小事中获取启示和经验，下一次再遇到同样或相似的事情时，便知该如何去做。

巴西第40任总统卢拉的出身是一名工人，在任职期间，他带领巴西成为金砖四国之一，缩小了贫富差距。当他离职时，他的支持率依然高达87%，给巴西留下了1万亿元的外汇储备和无限的希望。谁也没想到，这样一位卓越的总统，却只读了5年的书，如此卑微的身份能登上巴西总统的位置，离不开他对生活的觉悟，处处以生活为师。

一次，卢拉总统受邀请到卡巴小学上了一节课，他为小学生领读了一篇名为《我的第一任老师》后，在被提问"您的第一任老师是谁"时，卢拉总统沉思了一下，给大家讲了一个故事：

"在我还是小学生的时候，我的父亲在贝伦码头打工，母亲在蒂诺卡打工，他们只有到了星期天才会回家。

"一天，我放学回家，正准备开门时，却发现钥匙不见了。这可怎么办呢，我围着屋子团团转，想从窗户爬进屋子里，却发现窗户被关得严严实实的，如果不砸坏玻璃，是无法进去的。我又准备爬上房顶，打算从天窗跳进房屋里，这时，邻居博尔巴先生看到了我，便问：'孩子，你准备干什么呢？'

"我如实回答说：'我的钥匙丢了，无法进门。'

"博尔巴先生问：'你就不能再想想其他办法吗？'

"我回答说：'我能想的都想了，可是还是进不去。'

"博尔巴先生说：'我认为你还没有想尽所有的办法，例如，你还没有向我请求帮助呀。'说完，博尔巴先生就拿出了钥匙，帮我打开了门。原来是妈妈在邻居家留了一把备用钥匙。"

讲完故事后，卢拉接着说："如果要问我谁是我的第一任老师，我想，他肯定是博尔巴先生。"

在这个故事里，卢拉把生活当成了老师，他从生活中得到启发，并应用到他往后的学习和职业生涯中。在他任职期间，他始终以生活为师，因此，即使他没有拿到小学毕业证，他也能在总统这个职位上游刃有余。

生活中很多事情虽小，但有心的人往往能从中解读出不一样的人生道理。善于发现生活中的小道理，以生活为师，就能收获不一样的人生梦想。

生活是人生中的一个大课堂，我们不仅可以从中获得一定的知识，还可以学到如何去工作，如何去生活，如何去实现人生的梦想。我们应以生活为师，去适应生活，从生活中获得启示，从而超越生活，实现人生的梦想。

人生是一场马拉松长跑

人生是一段漫长的旅程，犹如一场马拉松赛跑，路途很长，要想跑到终点，必须要有足够的耐心。追梦的路途也是如此，不要太在意起跑时的速度，重要的是要保持足够的耐心，坚持不懈，终能到达终点。

高考成绩是学校和家长关注的重点。他们往往会告诉我们，考得好，以后的路便会一马平川，考不好，路途就坎坷艰难，好像一次考试决定了我们终身的梦想是否能够实现。其实，在人生的这条马拉松大道上，高考最多只是一个5公里处的标志点，仅仅热身完毕，并未进入稳步跑步阶段。受学校和家长的影响，有一些人因高考考不好便自暴自弃，这种做法就如"因错过太阳而哭泣，从而又错过了繁星"。参加过马拉松的人都知道，如果在起步阶段就用力过猛，通常后半程就会掉队，甚至会因体力不足而退出比赛。

　　人生犹如一场马拉松，途中会遇到疲劳、疼痛、懈怠和困难，但最重要的是要保持足够的耐心，不断地奔跑，持续保持成长，方可到达终点。在追梦的这一场马拉松里，并不需要我们一开始就竭尽全力，而应如细水长流般坚持，不需要我们每天拼命地呐喊，表决心，而应在心底树立一个梦想，把对梦想的渴望化成行动，持之以恒，才能笑到最后。

　　有一位先生，他立志在40岁之前成为亿万富翁，因此，在35岁的时候，他辞掉了工作，开始创业，希望能一夜暴富。可是，五年过去了，他尝试过开咖啡馆、旅行社、花店，可惜的是，每一次他都没有耐心，次次都以失败告终，家庭也因他的折腾而陷入绝境中。心力交瘁的太太想说服他重回职场，可是无能为力，最后只好跑去寻求高僧的协助。

　　高僧了解到情况后，对太太说："请你先生过来一趟，我和他谈谈吧。"

　　在太太的说服下，先生来了，但他只为了敷衍他太太而来。高僧把他带到寺庙的庭院中，庭院约一个篮球场大，庭中尽是茂密的百年老树。高僧拿起一把扫把，交给先生，说："如果你能把这庭院中的叶子扫干净，我就告诉你成为亿万富翁的秘诀。"

虽然不信，但想到亿万的诱惑，先生拿起了扫把，开始扫落叶。过了一个小时，他从庭院的一头扫到了另外一头，终于扫完了，他拿起簸箕，准备找高僧寻讨秘诀，回头一看，却发现刚扫过的地上又铺上了树叶。懊恼的他加快了扫地的速度，希望能赶上落叶的速度，然而，一天过去了，地上的落叶还是像刚来的时候那么多。先生感觉被高僧捉弄了，怒气冲冲地跑去找高僧讨说法。

高僧带着他回到了庭院，笑着说："人的欲望就像地上扫不尽的落叶，层层地盖住了你的耐心。耐心是财富的声音。你心上有一亿的愿望，身上却只有一天的耐心。就像这秋天的落叶，一定要等到冬天叶子都掉光后才能扫干净，可是你却希望一天就扫完。"说完，高僧便请他们回去。

临走之前，高僧煞有其事地说，为了回报这位先生一天的辛苦，他将给先生一个宝物箱，但这个箱子放在他们回家路上的一个仓库里，且需要搬开100包50千克重的稻米才可以得到。回家的路上，这对夫妻果然在路上看到了一个谷仓，里面整整齐齐地堆着稻米。

为了得到宝箱，先生便开始一包包地把稻米搬到仓库外，经过几个小时的辛苦，他终于发现了宝箱，箱上并没有上锁，他们轻易地就打开了宝箱。宝箱内有一包麻布袋，他开心地伸手进去却抓出一把黑色的小种子。他心想这些小稻谷应该是保护黄金的，因此把袋子里的东西全部倒了出来。可令他失望的是，地上没有出现黄金，只有一张纸条，上面写着：这里没有黄金。

这位先生感觉又被骗了一次，气恼地把手中的麻布袋扔到地上，愤怒地想去找高僧理论一番，却发现高僧站在门口，双手握着一把种子，说："你刚才所搬的百袋稻米，正是由这一袋种子种出来的，费了4个月的时间。在追求梦想的路上，你的耐心还不如一粒稻米的种子，你怎么能听得到财富的声音呢？"

生活中，有很多人如这位先生一样，有一个远大的梦想，却没有一天的耐心，总想着一步登天，但始终是天太高，腿太短，难以实现。给梦想多一点时间，毕竟人生不是一场百米短跑，而是一场马拉松比赛，最终到达终点的往往是那些拖着沉重的步伐，而始终慢慢奔跑的人。

梦想启示

人生是一场马拉松，要完成那么远的赛程，就必须要从勇敢地迈出第一步开始，就要坚持不懈地跑下去。马拉松赛程中会遇到疲劳、痛苦、饥饿等一系列问题，人生追梦路上也是如此，疲劳、懈怠、困难时有发生，但最重要的是要保持足够的耐心，不断地奔跑，才能持续地保持成长。

浪子回头金不换

《论语》中曾子曰："吾日三省吾身。"不断地反省自我，从方方面面约束自我，不断地总结和纠正，每一天比前一天进步一点点。反省自我是对自己生活的检讨，通过自我检讨、自我反省，能更好地认识自己，打扫、洗涤自己身上的"污垢"和"灰尘"，把自己走过的路看得更清楚，以便让未来的路走得更远。

有些学生想不明白，为什么别人学习自己也学习，别人的成绩一下子就提升了，可自己永远在原地踏步呢？那请问你是否反思或总结过自己的学习方法或学习习惯呢？一个不懂得自我反省，或者缺乏自省精神的人，很容易陷入迷茫或盲目自大中，从不在自己身上找问题的根源，而是一味地抱怨他人或埋怨运气太差。

自以为自己最聪明，明知自己错了却不知悔改，或意识不到自己的错误，这才是最大的过错。只有懂得自我反省，虚心接受错误并改过的人，才会取得成功。

维克多·格林尼亚是法国赫赫有名的化学家。出生于法国海滨小城的他曾是一名浪荡的公子，受到打击后，他才突然醒悟，进而发愤图强，最终获得了1912年的诺贝尔奖。

维克多·格林尼亚的父亲是当地很有名望的造船厂业主。由于出身于富贵家庭，自小生活环境优越，生活奢侈，维克多·格林尼亚想要什么就能得到什么。到了上学的年龄，父母送他去上学，期盼他能成为一个有教养、有知识的人，但是，从小的生活已经养成了他娇生惯养、游手好闲的坏习惯。父亲为他请来一名又一名家庭教师，不是他把老师赶走，就是老师被他气走。

转眼间，格林尼亚已经21岁了，他成了远近闻名的纨绔子弟，整天无所事事，寻欢作乐，没人敢得罪他。

一天，瑟保市上流社会举行了一场舞会，格林尼亚肯定不会错过这样的机会。在舞会上，格林尼亚看到了一位气质非凡的姑娘，便走到姑娘面前，微鞠一躬，发出邀请说："请您跳舞。"

但姑娘好像没听见一样，端坐不动，格林尼亚近身低声说："小姐，请您赏光。"

这时，姑娘眼珠微微一瞥，不屑地说："请你离我远点，我最讨厌你这种不学无术之人，不要挡了我的视线。"

从小到大，格林尼亚都没碰过钉子，这当头一棒让他有点晕头转向，况且当时舞厅中有那么多人在看着他。一向骄横的格林尼亚有生以来第一次受到了他人的蔑视和冷漠，这让他无地自容。

从舞厅回来，他对自己过去的行为进行了反省，对自己的过去产生了悔恨和羞愧。他决定改过自新。因此，他做出了人生中最重要的一个决定，他给父母留了一封信："请不要探寻我的下落，容我刻苦努力学习，我相信自己将来能创造出一些成绩来。"然后便离开了家乡。

果不其然，8年之后，通过自身的努力和刻苦学习，格林尼亚竟然成了赫赫有名的化学家。

许多时候，我们看不清社会的真面目，会在虚荣和攀比之中迷失自己。受周围环境的影响，许多不良的社会恶习会让我们变得迟钝且目光短浅。反省是认清自己的秘诀，是在这混杂的社会中能找到更加纯净的自己的最好办法，帮助我们回归内心深处真实的本性。

每个人都很容易发现别人的缺点，指责他人似乎已经成了很多人的习惯，但这些人看不到自己的缺点和错误。人人都犯过错，但很少有人能反省自己，不知道自己这些年来的变化，也看不清自己的本质，因此，无法思考自己的未来，过一天算一天，毫无进步，更不用说去实现自己的梦想了。

学会反省自己，其实就是一种敢于面对自己，敢于承担责任的行为。一个聪明的人不会选择逃避。也许我们会因为反省而少了一些浪漫和激情，但我们多了幸福、成熟和成功的机遇。一个人要想与时代同步，必须得不断地反省自己，才不会在跑道的起点上周而复始地画圆圈。

经常反省自己，可以更加理性地认识自己，也能对事物有更清晰的判断，可以提醒自己改过，还可以告诫自己从别人的错误中吸取教训……只有全面地反省自己，真正认识自己，才能做出相应的行动，才能不断地改正、完善自我。

别忘了时刻提醒自己"认真反省一下"，尤其是在做错事或说错话的时候。反省自我能让我们看到自己的错误和不足，反省自我能让我们更好地认清自己，反省自我能让我们在人生大道上迈出更大的一步，更加接近梦想的终点线。

以心为镜，寻找属于自己的梦想

在生活中，我们每一天都要面临很多选择，选择吃什么、穿什么、如何出行等，一个个不一样的选择构成了我们的人生，这些生活中的选择算是比较简单的。然而，对于梦想，我们该如何选择呢？

2300多年前的一天，苏格拉底穿着一件皱巴巴的短袍走入雅典街头，在广场上找一个角落坐下。他的智慧引来了一群年轻人听他讲课，其中有柏拉图、亚西彼得、安提西尼等，苏格拉底带领着他们思考人生。

一天，一名学生问苏格拉底："先生，人生是什么呢？"

苏格拉底并没有正面回答他，而是带领他们离开广场，来到一片苹果林前，对他们说："现在你们从苹果林的这边走到那边，不准回头，每人挑选自己认为最大最好的苹果，然后摘下带回来。记住，不准走回头路，也只有一次选择机会。"

这个活动让学生们兴奋不已，觉得这课上得太有意思了，就纷纷步入苹果林，认真地挑选他们认为最好的苹果。

当他们走到苹果林的另外一边时，苏格拉底已等候多时了。苏格拉底开口问学生："你们对自己挑选的苹果满意吗？"一片沉默，没有人回答。苏格拉底又接着问："看来你们对自己的选择不是很满意？"

这时，一个青年人请求说："先生，请再给我一次机会。"随后，所有的学生都跟着附和说："给我们多一次机会，就能挑选到最好的苹果。"

苏格拉底问："为什么？"

一个学生说："我刚进入苹果林时，就看到了一个又大又好的苹果，但是我觉得后面还有更好的。可是，当我走到了苹果林的尽头，才发现第一次看到的那个才是最好的。"

另外一个学生说："我就刚好相反，刚进苹果林的时候，我就发现了这个苹果，我觉得它就是最大最好的，可是后来我又发现了更好的苹果，对比下来，这个苹果太平常了。"

……

听了学生们的解释，苏格拉底语重心长地说："孩子们，这就是人生。人生没有彩排，你的人生只能是一次无法重复的选择，所以，思考人生的意义才非常的重要。"

人生的选择很重要，人生梦想的选择更重要，我们需要面对的是一个无法走回头路的人生，选择了一种人生梦，就只能放弃另外一种人生梦。时过境迁，即使能再回到最先选择的分岔路口，另外一条路上的人和景，也不再是当年我们的选择。那么，在人生路途中，该如何去选择自己的梦想呢？

《无问西东》给出了答案：真诚面对你自己，愿你在被打击时，记起你的珍贵，抵抗恶意；愿你在迷茫时，坚信你的珍贵。那就是从心选择，问问自己内心的声音。发自内心的声音才是自己真正在乎的，最真实的，不管多么困难都会遵从的。其他人也许会给你很多建议，但那只代表他们的角度。在当今物欲横流的时代，浮躁已成了年轻人的通病，如何拨开层层迷雾，找到真正属于自己的梦想呢？

第一，问问自己最想要的是什么，你的内心也许会告诉你一系列你想要的东西，而这些东西也正是你的兴趣所在。有人说喜欢研究机器人、小汽车，但不喜欢语言、交流，显然交际是不太适合他的。

第二，问问自己哪些是无论多困难都要坚持的，或者是多容易完成也不愿意去做的，这就是价值观。价值观是内心对这个世界的看法，如看重道德、正直和健康等，排斥赌博、吸毒、酗酒等。

第三，分辨出哪些是能做的，哪些是不能做的。比如你还是个学生，你喜欢IT，可是你不懂编程，那么此时你不可能抛弃学业去IT公司上班，而踏踏实实地学好知识，才是你现在最应该做的。

第四，找出兴趣、价值观、能力三者的结合，那就是你的最佳梦想之选。

这个时代不缺少实现梦想的机会，所以势必会有很多选择，那么，是直面挑战还是落荒而逃，是选择喧嚣一时的功利，还是平静恒久的善良，请遵从自己的内心，听从内心的选择，内心会告诉你，怎样才能找到真正属于自己的梦想。

有人说，人生梦想的选择，要做到三件事：一是郑重选择，争取不留遗憾；二是如果有遗憾，就理智地去面对它，然后争取改变；三是如果不能改变，那就勇敢接受，不要后悔，继续朝前走。如何让人生少些错误的选择呢？思考人生很重要，思考人生的过程就是对自己内心的一次又一次的审视，从心出发，这会让你更容易找到一个无怨无悔的值得坚持的人生梦想。

梦想启示

请注意人生中的"蝴蝶效应"

　　一只蝴蝶在巴西煽动一下翅膀,就有可能在美国得克萨斯州引起一场龙卷风。这好像是无稽之谈,但它是事实。人生亦是如此,一个微不足道的举动或许能改变人的一生,这绝不是夸大其词。

　　"今天的生活是因为三年前的选择,而今天的选择,将决定着你三年后的生活。"人生的每一个节点都是紧密相扣的,一个有意识或无意识的动作,可能就决定了往后的生活方式。

　　美国福特公司名扬天下,谁想到当年福特进入公司的"敲门砖"竟是弯腰捡起废纸这个简单的动作呢?

　　那时,福特刚大学毕业,他到一家汽车公司应聘,一同应聘的几个人学历都比他高,福特感觉到希望微弱,但他想既然来了,不妨安心地参加面试吧。轮到他进去面试时，他发现门口的地上有一张纸，就很自然地弯腰把纸捡起来，一看是一张废纸，就顺手把它扔进了垃圾篓里。此情此景，被正在等待面试他的董事长看到了。福特刚做完自我介绍，董事长就发出了邀请："很好，福特先生，你已经被录用了。"

这个决定让福特感到很惊异。从此以后，福特就进入了汽车行业，直到公司改名，然后名扬天下。

福特的收获看似是偶然的，但实际上是必然的。一个下意识的动作恰是一个人习惯的体现，而这些习惯的养成离不开他多年来的素质修养。

在一个熙熙攘攘的地铁站，正值上班乘车的高峰期，行色匆匆的人们沿着台阶蜂拥奔向站台。在台阶的中间，一个衣衫褴褛的男子紧闭着眼睛，一动不动地躺着。人们匆忙地从他身边走过，甚至有人急于赶地铁，从他的身上跨过去。但是，过了一会儿，一个女孩发现了他的存在，在他的身边停了下来，去询问他。这时，从男人身边走过的人好像才注意到他，纷纷停了下来，不到一分钟，那名男子的身边就围满了一圈关心他的人。就在此时，人们的同情心好像才传递开来，有人给他买来食物，有人给他买来水，也有人

帮忙去叫地铁巡逻，还有人帮忙打电话叫救护车。几分钟之后，这
名男子苏醒了。原来，这名男子是西班牙人，只会说西班牙语，因
为身无分文，已经饥肠辘辘地在街头流浪了好几天。因为饥饿和焦
虑，他晕倒在了地铁站的台阶上。

最初，为什么那些行人对这个衣衫褴褛的男人熟视无睹，毫
不关心，而当有一个人打破了这样的场面，就吸引了一群人的关
心呢？美国著名的心理学家罗伯特·西奥迪尼对这一现象进行了分
析和总结：在匆忙的人流中，人们会进入自我状态，忽视一切无关
的信息，即使身边有人需要帮助，也会被忽视，这种现象被称为
"都市恍惚症"。然而，当有一个人去关注时，就会致使情况发生
变化，人们就会从"都市恍惚症"中清醒过来，注意到别人需要帮
助。看到别人的善举，引发自己行善的愿望和行动，就像是一只蝴
蝶煽动一下翅膀，最终引起一场"蝴蝶效应"一样。

其实，人的某个行为对其一生同样能产生"蝴蝶效应"。例如
一个从来没有跳过舞的女孩，一个偶然的机会被要求参加学校的晚
会，和其他同学跳一支舞。在练习舞蹈的过程中，女孩发现了自己
对舞蹈的热爱以及她的艺术美感。从此，她下定决心好好练舞，并
成了一名优秀的舞蹈家。这就是人生中的"蝴蝶效应"。

在追求梦想的过程中，如果我们一心向上，我们的世界就会随

之变好。很多人想不明白，为什么一些学生只有一次考试考差了，成绩就会一直下滑下去，怎样都提不上来呢？这其实也是一种"蝴蝶效应"，他的一个行为引发了他内心对自己的定位，因此影响到了他此后的发挥。

没有人阻止得了我们去实现梦想，有不可思议的目标，才有不可思议的结果。年轻时，对未来充满希望，对世界抱以美好的态度，然后奋不顾身地去努力实践，生命中的"蝴蝶效应"总会出现。别埋怨发生在我们身上的所有不好的事情，恰恰是这些"不好的事情"给了我们创造"蝴蝶效应"的契机，我们要勇于面对它，战胜它，给人生梦想的实现创造出积极的"蝴蝶效应"。

梦想启示

罗曼·罗兰说："累累的创伤，便是生命给予我们的最好的东西，因为在每个创伤上面，都标志着前进的一步。"遇到了不好的事情，请尝试着去改变，把不满表达为上进，把委屈升华为不屈，把失意改写成淡定，也正因为有过去的不好，才有今日的经验。遇到了好的机遇，请将它发扬光大，让它在我们的人生梦想途中为我们带来好运。没有任何人、任何事能阻挡我们去实现梦想。准备好了吗？在路上，创造人生的"蝴蝶效应"。

要具备说"不"的能力

从小到大，我们就被教育要对他人友善。因此，只要是别人来找我们帮忙，不管是不是在我们的能力范围之内，我们都会答应下来，然后想办法去解决。七大姑八大姨、亲朋好友，每个人的身边都有许许多多这样那样的关系，每当他们有要求，我们就应承，那么，我们永远没有多余的时间为我们的梦想去奋斗。实现梦想，必须要具备说"不"的能力。

俄国十月革命爆发的前一天，植物育种家米丘林正在植物园里工作。他的家人忽然跑过来，对他说："先生，市长想见见您。"

米丘林头也不抬，仍然聚精会神地工作。家人又大声地重复了一遍。米丘林摆了摆手，示意家人他正在工作。

接触过米丘林的人都知道，在他眼里，每一分每一秒都特别珍贵，他都舍不得浪费。但是，家人还是强调说："那可是一位市长……"

"我一分钟也不愿意白白地度过！"说完这一句话，米丘林又去修理另外一棵果树了。

面对他觉得没必要的事情，米丘林敢于说"不"。也正因为他对"其他事"都敢于说"不"，争分夺秒地把时间用在他专心的事情上，米丘林的一生才培育出300多个果树新品种，著有《工作原理和方法》《六十年工作总结》等传世作品。

可是在我们的生活中，有许多整天瞎忙的人，他们不懂得说"不"，把时间白白地浪费在了不必要的事情上。

英国作家毛姆在小说《啼笑皆非》中有一段非常耐人寻味的故事：一位小人物一举成为名作家了，新朋老友纷纷向他道贺，成名前的门可罗雀与成名后的门庭若市形成了鲜明的对比。

也许毛姆的小说有些夸张，但生活中确实不乏类似故事中的人物，他们不善于拒绝别人，担心会因此伤害到彼此的友谊，只能违心地答应别人的要求，结果大部分的时间是为了别人而活，白白地浪费了自己的时间，渐渐地迷失了自己。

如果我们不懂得拒绝一些事情，那么我们的生活将会陷入忙忙碌碌的状态，且难以做出任何成绩。因此，为了梦想，想做出一些

成绩和高效率的事情，就要为自己节省时间，对于无关要紧的事情
要学会说"不"。

梦想启示

你能不能实现梦想，就看你每一天在做什么事情。懂得拒
绝无关紧要的事情，你就会拥有更多的时间去做值得做的
事情。

第五章

目标，是实现梦想最可靠的指南针

　　古罗马作家、哲学家小塞涅卡说："有些人活着没有任何目标，他们在世间行走，就像河中的一棵小草，不是在行走，而是随波逐流。"没有人愿意随波逐流地度过一生，因此，人不能没有目标。

　　目标是实现梦想最可靠的指南针，有了目标，梦想才会有方向，才不再是一个虚无的幻想。在如歌的岁月里，目标与我们如影相随，既给了我们无限的阳光、雨露，又给了我们前行的动力与奋斗的激情。脚踏实地地去实现你的目标吧，当你的目标一个个地实现时，你就会发现梦想之果离你不远了。

适合自己的才是最好的

　　每个人都应该拥有自己的梦想，追求自己的梦想，实现自己的梦想。梦想是生命的灵魂，是引导人走向成功的信仰。有了崇高的梦想，就要矢志不渝地去追求，这样梦想才会实现。

　　每个人都有追求梦想的权利，但是每一个梦想的定位，都得适合自己。也只有适合自己的，才是最好的梦想。

　　在现实生活中，每个人的生活环境不同，素质不同，人生也不能相互模仿和复制。即使是成功人士的模式和成功理论，我们也只能借鉴，从中找到适合自己的，才不至于出洋相。

　　在学习中，我们也应该遵循合适的原则，只有找到适合自己的好办法，才有好的学习效果。比如，有些同学听说某个高考状元每天早上三四点钟起来学习，学习效率非常高，因此，他们也三四点起来学习，但是到了上课时间，就支撑不住了。因此，学习成绩不但没有提升，反而下降了，整个人的精神也变得萎靡不振。

　　梦想的选择也同样如此，寻找适合自己的梦想，就是在看清自己，知道自己想要什么、想做什么，怎么做才能让自己感觉到美好之后，定出对自己人生负责任的目标。

　　唐朝著名学者陆羽是一个孤儿，从小被智积禅师抚养长大。陆羽虽然身在庙中，但他不愿意终日诵经念佛，而是喜欢吟读诗书。

　　等陆羽长大之后，他执意要下山求学，可是禅师并不同意。为了能让陆羽心服口服地留在庙中，也为了更好地教育他，禅师便故意给陆羽出了一个难题，叫他学习冲茶。

　　在钻研茶艺的过程中，陆羽不仅学会了复杂的冲茶技术，还学会了不少读书做人的道理。最后，当陆羽把一杯热腾腾的苦丁茶端到禅师面前时，禅师终于答应了他下山读书的要求。

　　后来，陆羽撰写了广为流传的《茶经》，把茶艺文化发扬光大。

　　在禅师的眼中，陆羽的梦想应当是成为一名禅师，但是在陆羽看来，研读诗书，见更大的世面才是自己的梦想所在。

　　适合自己的，才会给自己带来幸福和快乐；不适合自己而强求的，往往会带来痛苦和失败。因此，面对生命之中千万个梦想时，我们要选择适合自己的，这样才是最好的选择。

因为坚持梦想并不容易，只有选择适合自己的梦想，才会无论遇到任何坎坷，都有勇气咬着牙走下去。也只有这样，当我们梦想成真的时候，回头再看这一切，才会觉得都是值得的。

梦想启示

找到适合自己的梦想，才会为每一个梦想而努力，开拓出人生新的版图。了解自己，是梦想建立的关键，为了让我们的梦想不是"白日梦"，请先找到适合自己的，再勇往直前吧！

及时转弯才能实现梦想

　　在通往梦想的路途中，有些人打拼了很多年，终于如愿以偿，有些人打拼了很多年，却依然离梦想很远。于是，有些人放弃，有些人坚持。坚持并没有错，就怕错误地坚持，怕在不适合自己的梦想中苦苦地坚持，到最后，仍然离梦想很遥远。

　　什么样的梦想才是适合自己的，什么样的梦想又是不适合自己的呢？

　　有些人喜欢说自己不是那块料。那么，你到底是哪一块料呢？你喜欢什么呢？你又擅长什么呢？其实，喜欢并且擅长的，是最适合自己的。而那些不喜欢的也不擅长的，即使再好，也是不适合自己的。

　　即使是做同样的一件事情，有些人不费吹灰之力就轻而易举地完成了，并且做得非常出色，可有些人费了九牛二虎之力仍然达不到最基本的要求。也不是说后者不努力，而是因为他的优势并没有发挥出来。例如，你要求一个笨手笨脚的大男人做精细的针线活，他肯定是做不好的，而你叫他去搬重物，他肯定做得比其他人更加出色。因此，如果你所做的事情是你不喜欢和不擅长的，自然发挥不了优势；反之，能充分发挥你的天赋，做出来的结果自然能让人满意。

因此，年轻人请别急于给自己的梦想定位，要先了解自己，了解自己的喜好和优势，才能更好地定下目标，也才能更轻松地实现梦想。

从小出生在意大利威尼斯近郊的皮尔·卡丹非常向往巴黎，他的梦想是成为一名舞蹈家。然而，舞蹈是一门贵族艺术，贫困的家庭无力支付他学舞蹈的费用。但是，皮尔·卡丹并不死心，想尽办法去学习舞蹈。

为了谋生，皮尔·卡丹从小就有一个身份——裁缝，因此他找了一家缝衣店，白天努力工作赚学费和生活费，晚上进入舞蹈学校学习。但是，这家裁缝店的工作时间非常长，达十几个小时，且工资又低。

3个月后，皮尔·卡丹感到非常绝望，就写信给他心目中的偶

像——布德里教授，期待布德里教授能给他指出一条人生的光明
道路。

布德里教授对他的遭遇深表同情，但他深知舞蹈不仅需要天
赋和决心，更需要一个良好的家庭条件作为支撑，如果仅凭一腔热
情和信念，并不一定能够实现梦想。因此，布德里教授在信中给皮
尔·卡丹进行了全面的分析，同时启示他说："舞蹈可以成为你生
命的一部分，但不能是全部。"

收到了布德里教授的回信后，皮尔·卡丹受到了很大的启发，
他决定先寻找一条适合自己的发展道路，待时机成熟之后，再专心
学习舞蹈。可是，梦想的路在哪里呢？

一天夜晚，皮尔·卡丹在酒吧里喝闷酒，这时，一位高雅的伯
爵夫人走了过来，摸着他的衣服，赞不绝口，并且问他是从哪里买
来的。当她得知这衣服是这位少年自己设计并制作出来的，她非常
惊讶，并赞不绝口地说："我有预感，孩子，你将来一定是一个非
常出色的裁缝。"

经伯爵夫人这么一提点，皮尔·卡丹顿悟了：最适合自己的，
就是缝衣服。从此，皮尔·卡丹与巴黎最有名的伯坎女式时装店取
得了联系，从画图、剪裁、缝合、式样直至销售，从头到尾地学习
这一行业。

不久，凭借着自己对舞蹈的灵感和设计上的天赋，皮尔·卡丹

很快就在时装行业崭露头角。10年之后，皮尔·卡丹成了举世闻名的服装设计巨匠。

皮尔·卡丹的成功，在于他及时发现了自己原先的梦想不适合自己，果断地做出决定，去找到另外一个更加适合自己的梦想，并去实现它。最终，他做到了，所以他尝到了梦想成真的果实。

因为喜欢，所以努力用心去做，才能事半功倍。如果你期待梦想成真，那就选择自己喜欢的、擅长的事情去做吧。每个人都有自己喜欢做的且擅长的事情。如果你不喜欢写文章，但喜欢画画，且能画得一手好画，那就选择画画吧；如果你不喜欢画画，但喜欢数学，也擅长数学，在树立目标时，就要考虑自己的特长与兴趣所在。

梦想启示

寻找适合自己的梦想，就是更好地认识自己，量力而为。当我们的能力承载不了自己的梦想时，那就另外寻找一条适合自己的路，再向梦想起航。

你的目标有多高，你的梦想就能走多远

　　说到目标，总给人一种虚无缥缈的感觉。每个人都有属于自己的目标，或大或小，寄托着我们对人生的追求，支撑着我们的人生梦想。在我们的人生中，目标是照亮我们前进的明灯，在我们追寻梦想的过程中为我们指明前进的方向，不至于像无头苍蝇一样乱窜。

　　在追求梦想的路途中，总是布满荆棘，我们不可能一帆风顺地到达终点，总会遇到一些挫折和大大小小的困难。但是，有了目标，我们会变得更加坚强，生活也会变得更加充实，而拥有梦想的人生也将是一个幸福的人生。

　　在别人看来，蒋显斌的一生是不可思议的一生，已是新浪网三号人物的他毅然辞掉了副总裁的职务，卖掉了自己的股份，只因为他突然萌发了要拍纪录片的梦想。

其实，这个梦想并不是蒋显斌第一次萌发的，在大学期间，他突然有一个想法："一定要修自己喜欢的课程，才不算白来一遭。"因此，在大四那一年，他故意让自己的某一科不及格，以此为理由申请延期毕业。在多出的那一年中，他选修了社会学和心理学的课程，也是在那时，他喜欢上了纪录片。

对于一个在IT行业摸爬滚打多年的精英，他的脑子里全是利润、运营等问题，因此一时间转到只投钱难见效益的纪录片拍摄领域，他还需要时间来适应。

当时在拍摄一部关于父亲拼命借钱供儿子读大学的纪录片。在这部纪录片中，父亲想要儿子毕业之后能出人头地、光宗耀祖。但是，如今的大学生太多了，以至于儿子毕业后连就业都是个难题，好不容易就业了，没父亲挣的钱多。不过，面对镜头时，父亲并没有感到很失望："年轻时，我以为一生很长，但我现在知道，其实人生很短。"

蒋显斌被这个拍摄对象给打动了，从中获得了真正的喜悦和快乐。在追求梦想的道路上，蒋显斌没有回头的意思，他说："一部好的纪录片，很容易跟着一代人被遗忘了。所以，我们不能只拍一部片子，而是要拍许多部，每年10部，10年就100部，为下一代人留下这个时代的真实记忆。"

相对于热门的IT业，拍摄纪录片这个行业太不受欢迎了。但是，在追求梦想的路途中，蒋显斌却做得有滋有味。带着梦想出发，他的生活更有激情了，因为他选择了梦想。

追求梦想的过程是一个艰辛而又幸福的过程，是我们走向成功的必经之路。我们需要承担很多压力，但是，当梦想成真的那一天，我们就会发现，所有的一切都值得，而所经历的困难也将成为人生中最宝贵的经验。

在实现梦想的过程中，我们会不断地充实自己，完善自己，改变自己的不良习惯，向梦想中完美的自己靠近。有梦想就有追求，有追求就会想方设法地完善自我，充实自我，把自己变成一个奋发向上的人。如果一个人连梦想都没有，那么他的一生将是不完整的。不要轻易放弃梦想，也不能半途而废，既然确定了梦想，就努力去实现，相信终有一天必定会梦想成真。

如果将一个梦想的实现当成是一颗珍珠，那么在有梦想的人群中，有些人能结出漂亮美丽的大珍珠，有些人只能结出一粒小珍珠，有些人甚至是结不出珍珠的。然而，不管一个人能结出什么样的珍珠，追求梦想的过程都是美丽而精彩的。

可悲的是，有些年轻人被灌输了很多太现实的观念，从小就被告知社会有多残酷，竞争有多激烈，结果，很多人的梦想就这样被扼杀了。因为在他们看来，所谓的梦想就是荒谬的想法和不切实际的幻想。实际上，梦想是一个人成功的动力。正所谓"心有多大，舞台就有多大"，你的目标有多高，你的梦想就能走多远，有了目标，人生才有希望。因此，不妨给自己的人生制定一个目标，这个目标不需要太高远，但它要足以支撑得起我们的梦想。

梦想启示

生活如果没有了梦想，生命就好像失去了活力；生活有了目标，梦想才会更加充实。给自己设定一个目标吧，即使不被人看好，这样才能让自己更加快乐、幸福。

现在出发就是最好的成功

时间就是金钱。可很多有梦想的人没有意识到这一点，总以为人的一生还很长，慢慢来，还有大把的时间去实现梦想。因此，在做事时，总喜欢拖泥带水，凡事都习惯拖延，总想着把今天的事留着明天再做也没多大的影响。

其实，人的一生看似漫长，实则很短，甚至只能浓缩成"三天"，即昨天、今天、明天。昨天已过去，明天还未来，我们唯一能把握的，就只有今天。因此，把握今天，把今天该做的事按时做完，这才是对自己的人生最好的交代。

瑞士教育学家菲斯·泰洛奇曾说："今天应该做的事没有做，明天再早也是耽误了。"这就告诉我们今日事必须今日毕。

有人可能觉得拖延一会儿没事呀，耽误不了多大的工夫，但如果有梦想的人做事拖延了，就等于拖延了自己的梦想。凡事拖拖拉拉，梦想再大再多，也不会有什么大作为。

哈佛大学教授哈里克曾说："世上有93%的人都因拖延的恶习而最终一事无成，这是因为拖延能够杀伤人的积极性。"

比尔·盖茨也说过："凡是将应该做的事拖延而不立刻去做，而想留待将来再做的人都是弱者。"纵观成功者的经验，无一不是对一件事情充满兴趣、充满热忱时，就趁着这份激情立刻迎头去做。而很多失败者总说："这个想法我也有过，但后来因为……就搁浅了。"是的，当我们有了某种想法时，如果不立马去行动，拖着拖着梦想就被搁浅了。

安东尼·吉娜在美国脱口秀节目《快乐说》中分享过自己的成功之路。

她的梦想是去纽约百老汇打拼，想成为一名优秀的主角。但是，大学毕业以后，她先打算去欧洲旅行1年。

当她的老师得知她的想法之后，就问她："你旅行后去百老汇实现自己的梦想，跟毕业后去百老汇实现自己的梦想有什么差别？"

她认真地想了想："去欧洲旅行，并不能帮我赢得去百老汇的工作机会。"

明白了这个道理后，她就对老师说："我一个月以后就去百老汇找工作！"

老师听了她的这一计划，不满地问她："你现在去跟一个月以后去有什么区别呢？"

她说："我想用一个月的时间做一下准备。比如，我要花几天的时间买一些生活用品。"

听她如此说，她的老师质问道："你想买的生活用品，在百老汇都能买到，为什么不马上动身呢？"

她说："嗯，我马上就去订机票。"

第二天，她就到了纽约百老汇。当时，百老汇的制片人正在筹备一部经典剧目，有几百名演员前去应征主角。她第一时间就去找将排的剧本，闭门苦读，不断演练。

终于，在考试中，她脱颖而出，由此走上了演艺生涯。

很多人为实现梦想制订了许多计划，但从不马上执行，今天拖明天，明天拖后天，然后总是抱怨自己的时间不够用，有其他事情把这些计划一而再，再而三地推到了以后。然而，很多年过去了，梦想的计划还只是计划。

在实现梦想的路途中，最可怕的不是遇到多大的挫折，而是不能马上行动。每个人的一生总有许多美好的憧憬、远大的理想和切实的计划，如果能做到"今日事，今日毕"，按部就班地把每一天、每一周、每一月的计划做好，那么，我们的梦想终有一天能实现。

从前，有一个孩子，他父亲让他每天负责打扫院子里的落叶。

正逢秋天，每天院子里都要落很多叶子，因此，他需要花很长时间才能把落叶打扫干净。每天都要打扫，小孩子觉得这很麻烦，那有什么办法可以把第二天的落叶也扫干净，第二天就可以不用打扫了呢？

有人告诉他："你可以在打扫之前用力地摇树，把树叶都摇下来，第二天就不用扫啦。"孩子一听，这个法子不错。因此，他一大早起来就开始用力地摇树。果然，他真的摇落了一些叶子。他满心欢喜，想：明天终于不用扫落叶了。

第二天早晨，他起床后，走进院子一看，郁闷了，院子里依然是一地的落叶。"为什么昨天没有将今天的落叶一起扫净呢？"

看到他那么郁闷，父亲走过来，说："无论你今天怎么用力，明天的落叶还是会落下。在这个世界上，很多事情是无法提前完成的，只要做好今天的事情，把握好今天，就可以了。"

有些人总怀念过去，对昨天的战绩念念不忘；有些人总期待未来，对明天有着美丽的憧憬。可是，昨天再精彩，也已经过去；明天再美好，也还是未来。不要总沉浸于"想当年"，也不要一味地"等明天"，最要紧的是把握今天。当然，要做好今天的事，并不是说不思过去，不问未来，只是说在明确目标时，做好手头上的事，这样，无论明天做什么都会得心应手，为明天筑起向上的台阶。

梦想启示

赛谬尔·斯迈尔斯说："利用好时间是非常重要的，一天的时间如果不好好规划一下，就会白白浪费掉，就会消失得无影无踪，我们就会一无所成。"昨天，再瑰丽的诗篇也会失去新意，再斑斓的美景也会失去色彩；明天再动人，也像雾里看花一样缥缈，如同梦中的彩虹一样遥远；唯有今天，才是可以把握的。别再等待了，现在出发，去做今天必须完成的事情吧。

野心会助你实现梦想

法国著名作家巴尔扎克说："欲望是支配生命的动力和动机，是幻想的刺激素，是行动的意义。"人人心中都怀有希望，也都怀有欲望。梦想，是欲望的代名词，它可以使一个人的力量发挥到极致。

欲望是追求梦想者的第一素质。追求梦想者的欲望，实际上就是一种梦想，一种人生理想目标。他们的欲望往往超出现实，往往需要打破他们眼前的樊笼，才能够实现。因此，追求梦想者的欲望往往伴随着行动力和牺牲精神。

野心是欲望的一种，而且是一种巨大的欲望。"不想当将军的士兵不是好士兵。"一个追求梦想的人应该有一点野心，因为野心是成功者的一种素质。

因为梦想，而不甘心，再去行动，继而成功，这是大多数成功者走过的共同道路。因此，我们可以挖掘生命中的巨大能量，激发成功的野心，因为野心就是力量，是走向成功的最有力的助推力。

法国传媒大亨巴拉昂出生于贫苦家庭，以推销肖像画挣到了第一桶金，然后用不到10年的时间，他就跻身于法国的50大富翁之列。

然而，不幸的是，1988年，他就因患上前列腺癌去世了。临终前，他留下遗嘱：将4.6亿法郎的股票捐献给博比尼医院，用于前列腺癌的研究，另外100万法郎作为项目基金，奖给解开贫穷之谜的人。

巴拉昂去世后，法国《科西嘉人报》刊登了他的遗嘱，遗嘱里写着：我曾经是一个穷人，去世时却以一个富人的身份走进天堂之门。现在，我把自己成为富人的秘诀留下，即"穷人最缺少的是什么"，找到答案的人将得到我的祝福，并且得到我留在银行私人保险箱里的100万法郎，那是对睿智地揭开贫穷之谜的人的奖赏。

该遗嘱登出之后，他们收到了48 561个人寄来的答案。在这些信件里，有人认为穷人最缺少的就是金钱，有人认为穷人最缺少的是帮助和关爱，也有人认为穷人最缺少的是机会等。答案五花八门，应有尽有。

在巴拉昂逝世一周年纪念日，他的律师和代理人在公证部门的监督之下，打开了那个存放于银行内的私人保险箱，公开了他致富的秘诀：穷人最缺少的是成为富人的野心。

在所有的来信中，只有一个年仅9岁的小女孩猜对了答案。这个谜底不仅震动了法国，也震动了英美。后来，富人在谈论此话题时，也毫不掩饰地说："野心的确是一剂'治贫'良药。"

野心确实是一剂"治贫"良药，也是梦想实现的灵丹。拿破仑在军事院就立誓要做一名卓越的统帅，成吉思汗早年就扬言"大地就是我的牧场"，也正是他们的野心带领他们不断地扩张，实现了他们的人生梦想。

在今天的课堂里面，有很多人整天在睡觉，在聊天，在看课外书，如果你问他们的梦想是什么，得到的答案基本都是"不知道"。没有目标，没有野心，所以没有动力。因此，整天昏昏迷迷，不思进取，虚度年华或自暴自弃。有些学生沉迷于虚拟的网络游戏中，有些学生与人斗殴打架，破罐子破摔，自毁前途。

如果一个人的追求只是一种平常、舒适的生活，那么当拥有了这些基本的物质生活后，就会不思进取，那么他就注定了不会在人生道路上实现宏伟理想。野心是梦想成真的基石，有助于你的梦想成真。有了野心，并把野心贯彻到底，你走向梦想就指日可待了。

为了实现梦想，我们一定要怀有野心，只要有可能，就不妨尝试。但是，一定要注意野心的度。野心过大，就会造成严重的心理负担。当现实不能满足自我要求时，就会产生焦虑、暴躁、敌意、对抗情绪，对外影响人际关系，对内则损害个人健康。

野心没有止境，一定要懂得将它调整到一个合适的限度之内，让它充分发挥激励作用而不伤害到我们。

梦想启示

逼迫自己一下，就知道潜力有多大

我们都羡慕成功者，羡慕梦想成真的人，其实，每个人的成功并不是偶然的，其背后都有一个有力的推手。很多时候，这个推手就是自己，关键时刻，逼自己一下，看似不可能实现的梦想，就会变为现实。

成功都是逼出来的，不逼自己一把，永远不知道自己的潜力有多大。我们都有这样一个经验：由于某些原因，我们必须到一个新环境中生活，但我们对当地的语言完全不通，当地的人又不懂得普通话，难以沟通。为了生存下去，我们很快就能听懂当地的语言。但是，如果我们去一个大部分会说普通话的圈子里面，很长时间过去了，我们可能还是一句当地话都没学会。人就是这样，不到走投无路的时候，就不会想尽办法来寻找出路。

不逼自己一下，就不知道自己有多优秀；不逼自己一下，就不知道自己的潜力有多大；不逼自己一下，就不知道自己能够实现那么远大的梦想。每一个人都有实现梦想的潜力，只有最大限度地发挥潜力，才能让自己的小宇宙爆发出最大的能量。

"但使龙城飞将在，不教胡马渡阴山"的飞将军李广，以善射出名。一次，李广出去打猎，惊见草丛中有一只"老虎"，情急之下放了一箭。第二天，他去寻找被射中的老虎，却发现那是一块石头，并不是什么老虎，但他的箭头竟然射进了石头里面。接下来，他又试着射了几次，可是再也穿不进去了，都是碰到石头就掉了下来。

为什么李广将军再也射不进石头了呢？这是因为当时他面临"老虎"的威胁时，出于自保才逼出了自己超凡的"好箭术"。

才高八斗的曹子建能七步成诗，一方面不可否认他的文采出众，但其中也少不了被"刀架在脖子上"逼出来的才智。

人的潜力是巨大的，一般人的脑力仅有1%被开发，即便像爱因斯坦这样的天才人物，也只开发了脑力的2%左右。我们在做某件事情时，如果感到很难，甚至力不从心，那只是因为我们还没被逼到无奈。只有狠狠地逼一下自己，才会发现，也许完成某一件事并不是很难，且完全是可以做到的。

古人云："世上无难事，只怕有心人。"不逼自己一把，就永远不知自己的潜力有多大，也不知道自己有多优秀。很多人在未学会游泳之前，觉得游泳是一件非常困难的事，但是有一次在学游泳的过程中，一不小心溺水了，为了自救，挣扎了几下，发现自己竟然游了起来，并且游得很好。

很多人都有这样的体会，每天早晨感觉起床很困难。可是，即将高考了，你的梦想是考上你现在的分数无法上得了的大学。为了拥有更多的时间学习，你只能逼着自己早点起床。不久你就会发现，早点起床也并不是什么困难的事。

人的潜力是无穷的。在追梦的路途中，不要怕承受苦难，要学会忍受失败。在遇到挫折时，逼着自己去接受和面对；在感到绝望时，逼着自己去坚持。相信"车到山前必有路""柳暗花明又一村"，我们很快就能远离困难与困境。

梦想启示

给自己一个梦想，不要害怕自己实现不了。不要给梦想设定限制，不要害怕自己做不到。只要狠狠地逼自己一把，竭尽自己所有的智慧和精力去努力，相信总有一天，梦想必定会成真。

第六章

天下没有免费的午餐，有付出才会有收获

"种瓜得瓜，种豆得豆"，不要羡慕别人做什么都能轻而易举地成功，自己好像付出了很多仍不能成功，其实也许只是因为自己的努力还不够。天下没有免费的午餐，付出不一定每次都会有收获，可是不付出就永远不会有收获。

为了梦想，默默地去付出，辛勤地去耕耘，总会有收获的，仅仅是时间问题而已。付出即使得不到收获，但是你努力去奋斗了，心中至少不会有太多的遗憾。为了实现梦想，为了能有美好的明天，坚定信念，努力吧！有付出才会有收获！

成功不能只靠运气

　　成功靠什么？说起他人的成功，总有人以"运气"二字蔽之，认为他人之所以取得成功，无一不与他们所拥有的好运气有关，而自己不能成功，只是由于自身的运气不够好而已。在生活中，确实存在各种奇遇和成功的偶然，有些人也正因好运气在短时间内取得了成功或逆转，因此有了运气好就成功的说法。然而，纵观历史中的成功人士，我们会发现，好运气可以铸就成功，但成功并非全靠好运气。

　　成功青睐于有准备的人，也许有时拥有好运气可以在瞬间改变不好的境遇，但这种成功的机遇是非常有限且短暂的。如果只具有好运气，没有真才实学，也不可能顺利走向成功。试想，如果你有幸继承了一家大公司，但是毫无管理的知识和经验，这家公司必定会因你的管理不当而以破产告终。这飞来的好运就如昙花一现，没有多少实际的意义，也不会给你的人生带来多少成功。

李嘉诚可谓众人皆知的富豪，对于他的成功，他说了这么一句话："成功，10%靠运气，90%靠勤劳。"在他的一生中，他时刻坚守着勤奋，从不把他的成功归功于好运气。

李嘉诚小时候，家境十分贫寒。因为父亲去世得早，为了生计，14岁的他便被迫辍学，担负起家庭重任，开始了漫长的打工生涯。最初，李嘉诚在舅父的中南钟表公司上班，他总是第一个到达公司，最后一个离开。由于他的勤奋好学和骨子里有一股常人无法想象的拼劲，他得到了上司的赏识和器重。但是，他为了谋求事业的更大发展，毅然地辞去了待遇优厚的工作，而选择在一家五金制造厂以及塑胶带制造公司当起了推销员。

为了做得比他人更加出色，李嘉诚不畏艰辛，白天去推销，晚上买些旧书来自学，用勤奋来弥补自身的不足，默默为自己的目标不断地奋斗。最初，李嘉诚向客户推销产品时，心里总是十分紧张。于是，在出门之前，他反复练习说话，从而克服了紧张的心理。走南闯北的推销生涯，不仅丰富了李嘉诚的商业知识，也教会了他各种各样的社会知识，为他日后事业的发展打下了良好的基础。

1950年，心怀梦想的李嘉诚决意离开公司，自立门户，用自己平时点滴的积蓄从0开始，租了一间厂房，创办了长江塑胶厂，开始了他叱咤风云的创业之路。

在李嘉诚的事业历程中，财富的积累与他勤勉的精神有着巨大的关系。勤奋可以改变人的一生，可促使我们不断地向成功靠近。现代作家老舍曾说："才华是刀刃，勤奋是磨刀石，很锋利的刀刃，若日久不磨，也会生锈，成为废物。"

在实现梦想的路途中，唯有付出行动，以勤奋来武装自己，才能顺利抵达成功的彼岸。有人总是怨天尤人，说上天不给自己机会，但请你想想，你是否真的已经做好了准备？难道有人高考金榜题名就是运气好吗，而那些高考名落孙山的人就是运气差吗？非也，这并不是完全靠自己的运气。只有勤奋好学，把所学的知识点都掌握了，到了考试之时，才能从容不迫。

唯有勤奋才是自己可以控制的，运气可遇不可求。与其期盼着自己有一天被运气砸中，不如从现在开始，勤奋一点，在好运来临之时，才能更好地把握好运气。

在梦想尚未实现之前请谨记：梦想的实现百分百是靠勤劳换来的，天下没有免费的午餐，千万不要把美好的愿望和成功看作是运气的产物。

梦想启示

为了梦想，时刻准备着

机会是转瞬即逝的，梦想实现的时机也是稍纵即逝的，每一个时代的变迁，都会成就一批人，他们的成功不仅仅是因为他们有多么强大的能力，而是因为他们时刻都在准备着，任何时候都可以展现出自己最美好的一面，准确地把握住机遇。

"时刻准备好"不是一句口号，不需要每天都喊出来，而是一个实实在在的要求，用自己最好的状态时刻准备着，随时整装待发。

在迈出梦想的第一步之后，我们也许不知道真正的需要是什么，或者哪些技能是必备的，但我们可以在准备的时候更加努力，把尽可能多的未知变成已知。当我们遇到梦想之时，我们才知道如何去实现梦想，不至于掉队，才能够在梦想这条路上披荆斩棘，所向披靡，最后更好地实现梦想。

西格诺·法列罗公爵在家里举行了一场盛大的宴会，邀请了一大批客人来参加宴会。

在宴会开始之际，负责餐桌点心的制作人员却过来告知：由于之前设计摆放大型点心饰品的桌子坏了，因此做不了点心。这个消息让管家乱了方寸，不知该如何弥补这个差错。

这时，一个小男孩走到了管家面前，小声地说："如果您给我机会，我想我一定能做出一种替代品。"

管家看着眼前的小男孩，惊讶地喊道："你是什么人，竟然说出这样的话？"

小男孩说："我叫安东尼奥·卡诺瓦，是雕塑家披萨诺的孙子。"原来他出身于雕塑世家，因家道中落，被迫到公爵家当仆人，在厨房里干粗活。管家半信半疑地问："小家伙，你真的能做到吗？"

小男孩肯定地说："假如您给我一次机会，我能做出另外一种甜品摆放在餐桌中央。"听小男孩这么一说，其他人又想不出其他办法，管家只好让安东尼奥尝试一下。

小男孩让人端来一些黄油，开始了他的制作。没多久，不显眼的黄油经过安东尼奥的双手，变成了一只蹲着的金色巨狮。管家大喜过望，立马把这个用黄油塑成的狮子摆到了餐桌中央。

　　宴会开始了，宾客纷纷到来，看到餐桌中央的黄油狮子，都被吸引了，他们赞不绝口，声称这一定是天才的作品。贵宾不由得围在狮子旁边，仔细地欣赏着，不时地询问公爵，究竟是哪一位伟大的雕塑家将自己绝妙的技艺发挥到了点心制作上，实在是太了不起了。

　　西格诺·法列罗公爵也摸不着头脑，便找来了管家问缘由，这样，管家便把小男孩带到了宾客们的面前。宾客们更加惊异了，这么美妙绝伦的黄油狮子竟然出自于一个小男孩之手。在得知小男孩的身世和困境后，公爵当场承诺，要给小男孩聘请当地最好的老师，让他的天赋得到充分的发挥。

　　宴会结束之后，西格诺·法列罗公爵遵守诺言，用心去培养安东尼奥。安东尼奥也充分地把握住了这次机会，孜孜不倦地刻苦学习，希望早日实现自己的梦想，成为一名杰出的雕塑家。

　　有人说是安东尼奥很幸运刚好遇到了好人西格诺·法列罗公爵，得到了帮助，但仔细想想，这离不开他时刻在为梦想准备着的态度。即使他家道不好，他也并没有放弃雕塑，而是时刻准备着，不断地加强自己的手艺，才能发挥出自己的水平，得到他人的赏识和资助。

　　那么,如何才能成为一个时刻准备好的人呢?这不仅需要我们长时间锻炼自己的能力,如平时遇到事情要敢于面对,事后总结经验,无论结果是好还是坏,都要虚心接受,不断提升自己处理问题的能力,扫清在梦想路上可能会遇到的荆棘。还要多去寻找机遇,梦想不会自己走到你的面前,往往是需要你去寻找,不断地积累自己的经验,遇到任何事情、任何状况都能应对自如。

梦想启示

　　机遇只留给有准备的人,因此要提升处理事情的能力。不然,即使机遇摆在自己的面前,也把握不住,这样就白白地把机遇让给了其他人。因此,为了梦想,请时刻做好准备,只有这样,当机遇来临之时,才能更好地去接受这些机遇,实现自己的梦想。能力越大,机遇越多,这是毋庸质疑的。

梦想的实现需要不断进取

一个年轻人要想梦想成真，进取的力量是必不可少的，因为进取的力量能驱动我们不断地提高自己的能力，并一步步地走向成功。

当我们失去了进取心，就缺乏了内在的动力，我们就不会自觉地去做任何一件事。如此，我们就只能满足于眼前的成就而故步自封，梦想就会被搁置，更不会有梦想成真的那一天。只有不断进取的人才不会满足已有的成绩，才会去追寻更伟大、更完善、更充实的东西，进而实现一个又一个梦想。

李贤玉是战略导弹部队的导弹专家，有人说她是"铁娘子""女强人"，她给自己的定位是："我是一个女人，是祖国的女军人。"

1982年，李贤玉参加高考摘得黑龙江省理科"状元"，考入北京大学，保送硕士研究生，毕业后参军入伍，进入原二炮部队。在24年的科研实践中，李贤玉始终坚守在信息化建设科研第一线，始终奔波在试验场和发射阵地之间，先后主持或参与了200余项课题攻关，研发了2000余套信息化装备，带领团队完成某通用型指挥系统、某一体化指挥信息系统、某攻防对抗体系等一批重大科研项目，为推进部队信息化转型建设做出了突出贡献。

作为一名女导弹专家，李贤玉始终有强烈的进取心和责任感。有一次，在某作战指挥应用软件交付给部队后，官兵们的反响不错，但是李贤玉仍然主动提出进行升级改造。这是一个具有风险的提议，搞不好还会导致软件的性能大打折扣。因此，有人劝她不要再冒险，可是，她顶住了巨大的压力，大胆地尝试，最终研制成功，在保证信息安全的前提下，大幅度地提高了系统性能。

她的每一个重大科研项目，都不是一两年就能完成的，有的需要五六年，甚至十年，且她的科研线路都比一般情况复杂，从论证研制、反复试验、部队试用、反馈完善、定装交付到不断改进，围绕战斗力提升，她从来没有满足过。

在她的装备交付给部队后，她仍坚持一管到底的作风，凡事都要亲自过问，确保装备尽快转化为战斗力。且一旦有新技术、新软件，她便马上对现有装备进行升级改造，使其时刻处于最优状态。

她凭借着永不止步的进取精神，荣获国家科技进步特等奖1

项、二等奖1项，军队科技进步一等奖2项、二等奖8项，被评为"全国优秀科技工作者""全国三八红旗手"。

李贤玉始终心怀一颗进取之心，带着崇高的目标，不断地超越自我，取得了一次又一次的成功。

有些人总喜欢一句话："知足常乐。"可是，对于一个追求梦想的人，不能知足，要紧紧地跟上时代的步伐，才不至于落伍。因此，沉浸于以往的成功经验之中的人，习惯自己既定的行为，也阻碍了个人的进步，梦想只能成为过去式。

古人云："君子之学必日新，日新者日进也，不日新者必日退，未有不进而不退者。"在这快节奏的生活中，每时每刻都是瞬息万变的，要跟上社会的节拍，必须有一颗奋发向上、不断进取之心。在这竞争激烈的时代里，唯有不断进取，才能知难而进，勇攀高峰，从而成为时代的主流。唯有不断进取，才不会被风云变幻的社会遗忘，才不会在人生梦想的路途中迷失方向。

人生如钉，只有不断地敲打、加压、搏击，才能保持它的坚定、沉着和锐利。因此，我们要不断进取，不断地追寻更高的梦想，这样生命的钉子才不会生锈。一个人的进取之心如何，决定着他的梦想能否成真。

人是有惰性的，当一个人没有梦想时，就会变得懒惰，不思进取。但如今的社会是飞速发展的，一日千里，如果不能紧跟时代的步伐，就注定成为落伍者。请不要满足于现状，也不要否定自己的过去，而要立足现在，挑战未来，勇敢地追求美好的未来。不拘泥于旧事物的约束，不断更新自我，才能做出一番大成绩。

梦想启示

天才不一定能成才

　　自古以来，才华横溢的人都会名留青史。"才"很重要，一般人很容易想到"天才"。可是，天才不一定能成才。从古到今，自恃天才的人必有一番傲气，一般缺乏勤奋与努力，因而浪费了一分"才"，导致难以成才；反而是自谦愚笨的人有一腔努力的热情，多一分努力，便成了才。

　　天才，指的是天生就有异于常人甚至超越常人的能力，如方仲永五岁能作诗。他们与常人不在同一起跑线上，与常人相比，他们有更高的成才概率。然而，即使是天才，如果不努力，停滞不前，最终还是会失去成才的机会，如方仲永的最后结局是才尽词穷，再也做不出诗来。

　　有人觉得自己并不是天才，天资并不聪慧，担心将来难以实现

自己的梦想。其实,天资固然重要,但后天的努力更重要。成功并
不一定属于天才,但一定属于后天努力的人。

1817年,勃兰威尔出生于英国北部约克郡的豪渥斯,从小他就
表现出杰出的绘画和文学创作才华,被公认为"天才男孩"。他是
家中唯一的男孩,家里的条件并不富裕,为了培养他成才,家人和
3个姐妹节衣缩食,省下每一分钱就是为了培养他能够早日成才,
因此把他送往伦敦皇家美术学院学习。

到了学院没过多久,勃兰威尔就发现学绘画并没有想象中那
么容易,他的成绩并不理想,就放弃了,回到了家。弃学回家后
的勃兰威尔发现文学创作很有意思,于是,3个姐妹共同赚钱来支
持他的文学创作。可是,还没坚持多久,他就认为写作太辛苦而
放弃了。

从此,学业无成的勃兰威尔爱上了吃喝玩乐,甚至染上了酗
酒、鸦片等恶习,最后染上肺病,去世了。临终前,回忆往事,
勃兰威尔感到非常痛心,为他的一生写下了一篇题目为《天才的悲
剧》的感悟文章。

然而,一直在为勃兰威尔的人生梦想无私奉献的3位姐妹,在
辛劳谋生之余,利用空闲时间,借着烛光尝试写作。最终,才华
和天赋都比不上勃兰威尔的她们分别写出了经典名著:姐姐夏洛

蒂·勃朗特写下著名的长篇小说《简·爱》，轰动文坛；大妹妹艾
米丽·勃朗特写下《呼啸山庄》，从而奠定了她在英国文学史上的
地位；小妹妹安妮·勃朗特写下《艾格尼斯·格雷》，受到世人的
赞誉。

　　天才不努力，时间一长就会变成蠢材，甚至连蠢材都不如，这
就是天才的悲哀。天才本身就比正常人优秀，如果再加上勤奋，好
好利用自己的才能，那么，梦想就很容易实现了。

　　华罗庚是当代自学成才的科学巨匠，是蜚声中外的数学家。因
家境贫寒，他初中毕业便辍学在家，替父亲经营小杂货铺。在单调
的站柜生活中，他开始自学数学，并于两年后在《科学》上发表论
文。他熟练地掌握了多条数学理论，攻破了一个又一个难题，他的
研究成果最终引起了国际数学界的注意。

　　在数学上，华罗庚确实有一定的天分，不然不可能自学成才，
但是他的成功与他的勤奋是分不开的。不论拥有多高的才华，都必
须有毅力面对挫折，才能梦想成真。

梦想启示

在成长的路上，我们不断进取，不断勤奋追求，才能成长。在追求梦想的路途中，我们要历经痛苦，经受考验。所以，我们要执着于一次次的探索，勇敢地面对每一次的挑战。无论是否是天才，只要我们孜孜不倦，便能梦想成真。

第七章

细节决定成败，也决定梦想能走多远

"成也细节，败也细节。"也许一个决定、一个微不足道的细节，恰恰决定了我们梦想的方向，也决定了梦想的成败。

看不到细节或不把细节当回事的人，往往对工作也缺乏认真的态度，对事情敷衍了事，因此会错失很多成功的机会；而考虑到细节，注重细节的人，能够认真对待生活中的每一件事，把每一件小事做细，在细节中找到机会，从而使自己走上成功之路，更能实现梦想。

时刻保持强烈的好奇心

如今,新鲜事物层出不穷,新思想和新技能不断推陈出新,只有保持好奇心,不断更新自己的知识,才能成为跟得上时代的人。无论何时,年轻人都应保持对未知事物的好奇心和求知欲。如果没有旺盛的好奇心和求知欲,我们终将会被时代抛下,被梦想放弃。

人之所以对生活充满兴趣,与时刻保持一颗好奇心有着密切的联系;而人类能创造出新产品,也离不开一颗好奇心和创造心。

缺乏好奇心,会让我们的信息库处于停止更新的状态,失去对生活的激情,从而在不知不觉中错失很多实现梦想的机会。

一天,尼里斯·芬森医生在书房里看书。当他感到有点疲惫时，他走到窗台前，发现一只猫正在院子里晒太阳。当时的天气很热，为什么猫还要晒太阳呢？

这引起了芬森的兴趣，且随着太阳向西移动，当猫身上被树荫遮住时，猫立马就移动身子，始终让自己保持在太阳下，看样子很享受这场日光浴。

"天气又不算太冷，怎么猫喜欢晒太阳呢，难道猫天生就喜欢晒太阳？"带着疑问，芬森走到院子里，蹲下身来观察那只猫。原来是那只猫不知怎么受伤了，身上有一个化脓的伤口。

接下来的几天，芬森继续观察那只躺在太阳下晒太阳的猫。不出几天，猫的伤口竟然痊愈了。

作为一名医生，芬森由此联想到了人，既然太阳光能治愈猫的伤口，那能不能也帮人治疗伤病呢？

带着这个疑问，芬森做了一系列的实验。最后写出了多篇研究论文。由于芬森在光辐射疗法治疗皮肤病这一领域做出了巨大的贡献，他荣获了1903年的诺贝尔生理学及医学奖。

一只晒太阳的猫帮助了芬森，让他从一个医生成为诺贝尔奖获得者，这是他细致的观察力和好奇心起到的作用。

哈佛大学校长陆登庭说："如果没有好奇心和纯粹的求知欲作为动力，就不可能产生那些对人类和社会具有巨大价值的发明创造。"只要我们拥有好奇心,就拥有学习知识和探讨问题的动力,拥有探索未知的勇气,从而改变我们的生活,实现我们的梦想。

好奇心是人类社会进步的重要动力,推动着人类勇敢尝试,探索未知,提出问题。拥有好奇心的人也往往能打破常规,开拓新领域,从而实现人生梦想。而缺乏好奇心的人,总是与成功擦肩而过。

其实,每个孩子从呱呱坠地就对世界充满了强烈的好奇心,但是有些人在后天的环境中,不断地削弱了好奇心。有些人误以为失去好奇心是成长的必经阶段,实则不然,失去好奇心,相当于失去了整个世界。在成长的路上,不要轻易地把好奇心丢掉,带着一颗好奇心出发,你会收获更多的惊喜和快乐。

梦想启示

在意生活中的一花一草,带着好奇心与梦想出发,是一件多么有趣的事情!虽然我们每天要做很多家庭作业和课堂作业,我们可能会变得越来越麻木,但千万不要因此而抛弃自己的好奇心。保持我们与生俱来的好奇心去发现生活,才能更好地拥抱世界。

做事要考虑周全

在追求梦想的路途中，我们总会遇到一些挫折。当我们遇到问题一时难以决定怎么做时，不要盲目行动，而应仔细地考虑一番。当我们完全了解那个问题时，才更有把握找到解决的办法，再做决定，成功率才会更高。

爱迪生在谈到自己做事的原则时，曾说："有很多我自以为对的事，但一经试验，就能发现错误百出。因此，我对任何大小事情都不敢过早地决定，而是经过仔细权衡后再去做。"做事需要考虑周全，才能做得天衣无缝。然而，在现实生活中，很多人遇到事情时往往不加以考虑便急着去做，不成功，事后又后悔不迭，给人一种鲁莽毛躁的感觉。其实，在遇到事情时，多考虑一下，仔细权衡一下，虽然不能说会100%成功，但是成功率会更高，也会给人留下成熟稳重的印象。

考虑周全是一个人思维缜密的反应。很多时候，一个人的严谨和敬业精神是通过生活和学习中的小细节折射出来的。凡事都考虑周到的人，不仅能顾及他人的感受，还会把事情的细节处理得更好。

艾诺和布诺在同一家超市工作，刚开始时，俩人都是从最基层开始做起。可是，不久之后，艾诺就受到了总经理的青睐，一再被提升，很快就当上了部门的经理。而布诺还是在底层工作，好像被遗忘了一样。

终于有一天，布诺感到很不平，就向总经理提出辞呈，并指责总经理不提拔辛勤工作的人，反而青睐那些爱拍马屁的人。

总经理耐心地听了布诺的抱怨，为了让他服气，总经理想出了一个主意，说："布诺，请你去集市看看，今天有什么卖的。"

布诺很快就从集市上回来，说："刚才有一位农民拉了一车土豆在卖。"

总经理问："一车大概有多少袋呢，有多少斤？"

布诺一听，又跑了出去，回来后说："有40袋。"

总经理又问："价格是多少？"布诺又跑去了集市。

过了一会儿，布诺从集市回来，总经理看着气喘吁吁的布诺说："好，请你休息一下吧。我们看看艾诺会怎么做。"于是，总经理叫来了艾诺，并对他说："艾诺，请你到集市上看看，今天有什么卖的。"

艾诺从集市上回来了，说："到现在为止，只有一位农民在卖土豆，有40袋，价格适中，质量很好。"说着，他还把带回的几个土豆拿给总经理看。还说这位农民还有一批西红柿即将上市，价格很公道，可以给超市进一些货，因此把这位农民也带了过来，正在外面等待总经理回话呢。

布诺是一个勤奋工作、刻苦耐劳的小伙子，总经理提出什么要求，他都一一地做了，但他得不到青睐和提拔，难道是总经理真的对他有成见？当然不是。当我们看到艾诺的工作作风后，我们就明白了。艾诺考虑问题周密全面，不放过任何细节，只去了一趟集市，就带回了总经理可能需要的全部信息。

古话说，"三思而后行"。做事考虑周全是一种实实在在的习惯，很多时候的失败是因为考虑不够周全，忽视了某一个细节，而这个细节往往决定着整个事情的成败。

如今，社会环境都比较浮躁，想事情能够做到周密，凡事都考虑得面面俱到的人并不多。大家都难以静下心来，做事往往只注重结果，不注重过程。然而，我们无法预知未来，有些人之所以失败，是败在缺乏思考上，对事情没有考虑周全就采取行动。在追梦的路途中，我们最忌讳把行动的重心放错了地方，处理不了一些小事，因而与梦想失之交臂。

但值得注意的是，考虑周全并不代表只胡思乱想，而不行动。有些人总是想得太多，而不行动，还美其名曰"考虑周全"。在实现梦想的道路上，最忌讳的是"想太多"。只要脚踏实地地一个问题接着一个问题地去解决，每一个问题都考虑周全，终有一天会成功。

梦想启示

考虑周全，就是解决问题时，把所有可能有关联的细节都考虑在内。考虑周全，是一种生活态度，需要我们处处用心去对待生活中的每一件小事。任何一件事情，都是由无数个细节组成的，而一件事的成败，也是受这些小事的影响产生的结果。做事考虑周全，注重每一个小细节，你的梦想才会实现。

注重细节是梦想成真的关键

　　细节是平凡的，像沙砾一样微不足道，不足为奇，很容易被忽视，但在追梦的路上，每一个小细节都起着举足轻重的作用。所有的大成功都是由小细节组成的，然而，"成也萧何，败也萧何"，如果我们轻视它，它就可能毁掉我们一世的英明。

　　当今社会过于浮躁，很多人都无心顾及小细节，这往往会造成不必要的危害。当我们静下心来，最终只能为之感叹惋惜，但已悔之晚矣。很多学生说，他这一次考得不好，都是因为不够细心，没把一些小细节处理好，把乘法看成了加法。然而，下一次考试中，他仍然会犯同样的错误，那就不只是不细心的问题了。

　　其实，在追求梦想的路途上，不管做什么，都要注重细节，因为可能就是因为一个小细节而改变了我们人生梦想的路途。只有注重细节，才能走向极致，实现梦想。梦想需要100%的努力，才能100%的实现。如果我们只完成了99%，虽然只有1%的差距，但是等于未实现梦想。

细节是每件大事背后的小事，如果小事都做不好，又怎能成就大梦想呢？从很大程度上来讲，注重细节是人生的一种态度，是一种在生活和工作中实实在在、尽心敬业的精神。只有处处用心去对待，把一些小事做好，把细节的负面影响降到最低，才能发挥出细小事情重大的作用。把小细节处理好，可以使我们更好地走向梦想的殿堂。

20世纪90年代末，微软公司决定在中国区高薪聘请一位CEO，一时间应者云集。经过几轮的面试，最后只有三个人进入了最后一轮的角逐：一位是名牌大学博士，有着多项科研发明；一位是一家大公司高管；第三位是任职于IBM，虽有一点成绩，但未上过大学，没有文凭。

最后一轮面试开始了，当几位面试官坐到大桌子后面时，才发现忘了给应聘者准备椅子了。当工作人员准备去搬椅子时，一位面试官说："这样也好，就不用搬椅子了。"

那位博士第一个进去面试，面试官说："你好，请坐！"博士环顾四周，发现并没有椅子，脸上的笑容立刻变成了茫然和尴尬。这时，另外一个面试官又说："请坐下来谈吧。"博士更加尴尬了，说："没关系，我就站着吧。"没一会儿，博士的面试结束了。

第二个进去的是公司高管，面试官说："请坐下谈吧。"高管微笑地说："这儿没有椅子，大概是工作人员疏忽了，但没关系，我还是站着谈吧。"这场面试没进行多久，也匆匆地收场了。

最后面试的那位没有高文凭的女士，她叫吴士宏。当面试官对她说："请坐下谈吧。"她才发现没有椅子，便笑着说："您好，我能去外面搬一把椅子进来吗？"其中一个面试官耸了一下肩，轻松地说："为什么不呢？"

这场面试谈了近一个小时，最终，吴士宏被录取了。

1998年2月，吴士宏正式成为微软大中华区的CEO。很多人对她的任职感到质疑，微软中国公司的负责人回答说："连自己搬一把椅子的勇气都没有，怎么可能开拓市场呢？"

事实证明，他们的判断是正确的，仅仅用了7个月的时间，吴士宏就完成了当年销售额的130%，成功地打开了中国市场。

一个细节，可以使我们梦想成真，也可以使我们与成功失之交臂。也许，我们每个人都清楚地知道，细节决定成败，但到了为人处世的过程中就又忽视了，这是因为对细节尚未产生深入骨髓的认识。吴士宏正是用搬椅子这个细节性的动作，给她赢得了这一次的机会，从而实现了她的事业梦想。

　　只有注重细节，才是梦想成真的关键，人生才能少走弯路，也不浪费自己的青春年华。平时，养成注重细节的好习惯，培养具有洞察细节的眼力，才能把个人潜在的智慧和力量更有效地发挥出来，才能少出纰漏，在通往梦想的道路上稳操胜券。

　　有人说："细节是一种创造，也是一种功力；细节表现修养，细节体现艺术；细节隐藏机会，细节凝结效率，细节产生效益，细节是一种征兆。"在追梦的路途中，从小事做起，你会更强大，从点滴起步，你会更睿智。只有那些了解细节的闪光之美，坚持用细节来塑造自己，不以善小而不为的人，才是能真正把握梦想的人。我们要永远记住：态度决定一切，细节决定成败。

第八章

信念，是实现梦想的不竭源泉

追梦需要信念，信念可以让人在暗无天日的地方依然顽强地生存，可以让人在危难时刻仍不放弃。有信念，人生才能克服困难、抵制诱惑，才会走出绝境，走向光明，实现梦想。

如果没有信念，爱迪生就不会有那么多伟大的发明；如果没有信念，司马迁就不会著就闻名遐迩的《史记》；如果没有信念，中国红军就不可能走完漫漫征途，创造出举世震惊的壮举。信念是人生旅途中的一颗璀璨明珠，它既能在阳光下熠熠发光，又能在黑夜里闪闪发亮。

试一次，再试一次，总会梦想成真

人生没有彩排，每一天都是现场直播，但梦想不一样，一次失败不要紧，即使是一无所有，我们也不能失去从头再来的勇气。没有人的梦想是一步到位的，都是靠自己一次又一次的尝试，才找到梦想成真的真谛。

失败了，并没有什么。我们还年轻，大不了从头再来，多花一点时间去尝试，这一次失败了，可以积累下一次的经验。一些人之所以实现不了自己的梦想，不是因为他们能力不够，或者对成功没有期待，而是因为他们缺少了再试一次的坚韧和勇气。结果，他们尝试了一个又一个梦想，但没有一个能够成功。

其实，在通往梦想的道路上，真正害怕的不是遇到多少困难与挫折，而是在困难面前，有些人会感到绝望，失去再来一次的勇气。

　　一个人在一家公司做销售，一年下来，他的营销业绩非常不理想。为此，他请教他的营销主管——一个每年业绩都在公司排名第一的"营销大王"。

　　营销主管问他："现在有一笔销售业务，如果它成功了可以助你成为公司的'销售大王'，但它有99%的失败率，你会去做它吗？"

　　"当然不会，成功率那么低，几乎为零，做了也是白做。"他不假思索地回答。

　　"假如你把这笔失败率99%的业务，坚持做了100次后，它的失败率就是99%的100次方，即37%，那么，它的成功率即是63%。"

　　听主管这么一说，他不由得惊讶起来，一件99%可能失败的事，坚持100次，它的成功率竟能升至63%。

　　世界上很多事情都不是一次就能成功的，而是需要经历无数次的尝试之后才能赢得成功。因此，在梦想未实现之前，不如坚持多试几次，或许下一次就能收获成功。可惜的是，很多人在一次失败之后就选择了放弃，如此，自然与实现梦想无缘了。

　　在通往梦想的道路上，如果暂时失败了，不要放弃，而是要鼓起勇气，再试一次。再试一次，或许就会有截然不同的结果。

一个出生在美国纽约市贫民区的青年，由于难产，医生在用助产钳助产时，不小心造成了他的左脸部分肌肉瘫痪，左脸与左边嘴唇下垂，并口齿不清。父亲是一个赌鬼，赌输了就拿他和母亲撒气，母亲心情不好就会喝酒，喝醉了也拿他来撒气，所以他经常被打得鼻青脸肿，皮开肉绽。在这样的家庭里，他的一日三餐都是勉强维持，但他有着在常人看来不切实际的梦想，那就是当演员，成为明星。

高中毕业以后，他辍学在街头当起了混混。直到20岁那年，一次偶然的机会让他醒悟：不能再这样混下去了，不然会成为社会的垃圾。在分析自身的优势和一直以来的梦想后，他决定去好莱坞。他一次次地找明星、求导演、找制片人，寻找一切可能使他成为演员的人，四处哀求对方给他机会，可得到的是一次次的拒绝。

"我真的不是当演员的料吗？不行，我一定要成功。"他暗自落泪，失声痛哭，"既然直接当不了演员，那我能否改变一下方式呢？"一场拳击比赛让他有了新的方向，也给了他灵感，因此他用了3天的时间写成了剧本《洛奇》。

此后，他又拿着剧本四处去找导演，并要求当主角。可是，他又遭遇到了一次又一次的拒绝。"剧本不错，当男主角，开玩笑。"

一次次失望，一个个希望，他从未放弃，在他遭遇了1855次拒绝后的一天，一个曾经拒绝了他20多次的导演终于给了他一丝希望，同意让他出演《洛奇》，但片酬只有2.3万美元。为了生活，他只能在影片中演一个打扫卫生的小人物，终于实现了他的第一次出镜，他丝毫不敢懈怠，全身心地投入。

1976年，《洛奇》在北美的票房高达1.17亿美元，全球2.25亿美元，成为当时的年度前十。他也因这一次的出镜，进入了导演的眼睛，成功地实现了自己的梦想。

正因为他有着与别人不一样的执着、坚持、信念，试一次，再试一次，才成为世界顶尖级的电影巨星。他就是希尔维斯特·史泰龙。

每个人都想早日实现自己的梦想，可事实却是残酷的，总让人不能轻易地如愿以偿，甚至会让人尝尽失败的苦酒，才能捧上一杯叫成功的美酒。失败并不可怕，大不了从头再来。所以，无论遇到多大的失败，都不要害怕，也不要过早地否定自己所做的一切，更不要怀疑自己的梦想，给自己一份勇气、一个机会，然后重新出发，相信梦想的果实就在下一个路口等着我们。

梦想启示

理想很丰满，现实很骨感。当我们的梦想一次次地被现实摧残时，我们开始变得迷茫，不知所措。但也正因一次次地被打击，我们才能更好地看清自己。重新开始，试一次，再试一次。梦想的力量是巨大的，它能让我们一次次地从失败的阴影中站起来，变得更加勇敢，不屈不挠。梦想是我们人生的罗盘，有了它，我们的人生就不会失去方向，剩下的，就是勇往直前。

信念能够创造奇迹

有一种神奇的力量，它可以让人在黑暗之中不停地摸索，让人在失败中永不放弃，在遇见挫折时不忘追求梦想，这种力量就是信念。如果说梦想是一座没有竣工的大厦，那么信念就是托起这座大厦的顶梁柱。

信念是一切成功和奇迹的源泉。如果我们只树立了一个梦想，但没能树立一个坚定的信念，从一开始就采取消极的态度，告诉自己这个梦想是无法实现的，那么，这个梦想也就这样了，不会有实现的那一天。

汉朝著名史学家司马迁因"李陵事件"而锒铛入狱。在狱中，他虽受尽了非人的折磨与屈辱，但他的意志并没有丝毫的消沉，反而披肝沥胆，专心著书，用了11年的时间，终于完成了长达52万多字的史书——《史记》。

一个人要想完成52万多字的巨作，即使在一个良好的环境中也不容易完成，而司马迁却是在如此艰难的环境中完成了它，其中的艰难难以想象。

美国民权运动领袖马丁·路德·金曾说："这个世界上，没有什么能够使你倒下，如果你的信念还站立的话。"信念代表着希望，只要心中有信念，一切都会充满希望，平常生活中如此，当灾难来临时更是如此。

望梅止渴的故事大家都不陌生，说的是曹操率领军队经过沙漠时，整个军队缺水，士兵们感到很渴，为了鼓励士气，曹操打气说："前面是一大片梅林，树上的梅子又酸又甜，穿过了沙漠就可以摘到了，可以解渴。"

士兵们一听，都觉得自己好像吃到了梅子，都不觉得渴了，又有了力气行军，并很快走出了沙漠。

曹操把梅子当成了一个信念，正是靠着这一信念，士兵们才走出了茫茫沙漠。

俄国的列宾说过："没有原则的人是无用的人，没有信念的人是空虚的废物。"有信念的人，敢于直面追求梦想时所遇到的困难，也能坦然地面对各种挑战，能突破或大或小的障碍，只一心去为梦想拼搏。

罗杰·罗尔斯是美国纽约州历史上第一个黑人州长。他出生于美国的贫民窟，这里不仅环境差，还是一个偷渡者和流浪汉的聚集地。耳濡目染，在这种环境下成长的孩子都受到了不良的影响。

在罗尔斯读小学时，皮尔·保罗担任校长，他发现这里的孩子总是无所事事，经常旷课、斗殴，甚至砸烂教室的黑板。他想了很多办法来引导他们，可都没有效果。直到有一天，他突然发现，这里的孩子都很迷信。因此，他上课时多了一项内容——给学生看手相。

一天，调皮的罗尔斯从窗台上跳了下来，正走向讲台时，被校长保罗看到了。他以为校长会批评他，但校长只对他说："我看你修长的小拇指就知道，你将来一定会是纽约州的州长。"

罗尔斯记下了校长的话，并坚信自己能当上纽约州的州长。从此，他像换了一个人，"纽约州州长"这一旗帜在召唤着他，他每天都用一个州长的标准要求自己。

51岁那年，他终于如愿以偿，当上了纽约州的州长。在就职发言中，他说："信念值多少钱？信念是不值钱的，它有时甚至是一个善意的欺骗，然而你一旦坚持下去，它就会迅速增值。"

如果没有信念，罗尔斯也许已经成为那一带的混混之一，但是正因为校长给了他"一定能成为纽约州的州长"这一信念，罗尔斯才一直为这个梦想而努力，最终实现了这个看似不可能实现的梦想，这就是信念所创造的奇迹。

在梦想尚未实现之前，请一定要相信自己有能力实现梦想。信念的力量在成功者的足迹中起着决定性的作用，要想梦想成真，就必须拥有无坚不摧的信念。

梦想启示

"不经一番寒彻骨，怎得梅花扑鼻香。"在通往梦想的路上，遇到困境或失败是难免的，但只要心中有一颗信念的种子，我们就会为梦想而坚持不懈。坚定的信念可以帮助我们克服重重困难，跨过种种阻碍，促使我们付出积极的行动。

始终相信"我能行"

"一个人能飞多高，并非是由其他因素决定的，而是受自己的信念的制约。"这里所说的信念，是不管面对什么，始终相信"我能行"的自信。在追求梦想的路途中，我们拥有了自信，就相当于我们已经走了一大半路程。

自信是一种思想，一种潜意识，是对自己的肯定。

有一个女孩因为自己长得丑而缺乏自信，甚至有点自卑。因此，她更加放任自我，不爱打扮自己，整天邋邋遢遢，做事也不求上进。她的父母为了改变她的生活方式和心理状态，便求助于心理医生。心理医生建议其父母多赞美她，并且鼓励身边的人赞美她。

此后，父母和身边的人每天都对小女孩说："你真漂亮""今天表现得真好""今天打扮得不错"等赞扬性的话语。

经过了一段时间，女孩的精神状态和生活方式真的发生了变化，她不仅不再邋遢，还开始注意自己的形象、做事也积极了。

怎么会发生这么大的变化呢？其根源在于自信心。通过身边人的鼓励，她建立起了对自己的自信，她开始相信"我能行"，因此，她真的变得"能行"。

史勒格曾说："在真实的生命里，每一桩伟业都是由信心开始，并由信心跨出第一步。"然而，在生活中，很多人对自己信心不足。信心不足，往往会限制一个人的潜能无法发挥。一个人要想充分发挥自己的内在潜力去实现梦想，首先必须充分相信"我能行"。自信心就像催化剂，能调动人的一切潜能，且将各部分的功能发挥到最佳状态。

人类最大的弱点是自我贬低，自己瞧不起自己。很多人知道自己先天不足，但只盯着自己这一缺陷，不放过自己，以消极的态度面对生活，这就非常糟糕了。

如果你感到很自卑，看不到自己的价值所在，那么，请试一下以下几种办法，找出自己的优势所在，相信"我能行"。

（1）求助朋友，通过他人来更好地认识自己。请几个客观的朋友写出你的5个长处。

（2）写出你认为比较优秀的三个人的名字，然后列出他们不如你做得好的地方。你就会发现，在某一方面，你能超越他们。为此，你再也不会因为自己的部分缺陷而瞧不起自己。

（3）认清自己的重要性，把自己当成世界上最重要的人。当然，这并非自大或自负，而是排除生活中琐碎无关的事。

梦想启示

爱默生说过一句耐人寻味的话："自信是成功的第一秘诀。"确实，自信是我们追求梦想路上的伴侣，一路伴着我们披荆斩棘、乘风破浪，冲破一切艰难险阻，最终抵达梦想的彼岸。请别说"我不行"，当你说出了这句话，即使你的能力是最好的，也不会被梦想照耀。始终相信"我能行"，你就会拥有完全不一样的人生。

永不放弃才能实现梦想

成功没有什么秘诀可言，如果有的话，那就是坚持到底，永不放弃。放弃，是一个念头；而永不放弃，则是一种信念。面对挫折，我们会不自觉地选择前者，因此，我们经常与成功擦肩而过。

成功需要我们再坚持一下，这一秒不放弃，下一秒才会有奇迹。任何时候，我们都不要轻言放弃，只有坚持下去，才有可能到达梦想的彼岸。

宫崎骏说："生活坏到一定的程度就会好起来，因为它无法更坏。努力过后，才知道许多事情坚持坚持就过来了。"面对梦想，永不放弃注定会遍体鳞伤，但只要想到转角处或许就能梦想成真，因此无论如何，请不要轻易放弃梦想。

　　1950年，费洛伦斯·查德威克成为第一个成功横渡英吉利海峡的女性。两年后，她想再创造一个新奇迹——从卡德样那岛游到加利福尼亚海滩。

　　那天，海面上浓雾弥漫，海水冰冷刺骨。她游了16个小时后，嘴唇被冻得发紫，筋疲力尽。她抬头望望远方，希望能看到彼岸，但前面只是雾霭茫茫。

　　"还没看到岸，看来，我是无法游完全程了。"她心想着，顿时身体立刻软了下来，连再划一下水的力气都没有了。

　　当她被拖上了小艇，她才知道自己距离目标只有1英里（注：1英里≈1.6千米），她仰天长叹，懊悔自己没有咬牙再坚持一会儿。

　　实现梦想并不容易，如果没有永不放弃的精神，就更难以实现梦想。或许，在坚持的道路上，我们会走得很艰辛，当我们快要坚持不下去了，就一定要记住，既然坚持了那么久，何不咬紧牙关，再多坚持一会儿，或许在拐弯处就是另外一道风景。

　　坚持，不是固执己见，不是墨守成规，而是坚守自己心中的那一份信念，永不放弃，才能看到梦想成真的奇迹。

　　都摩斯梯尼是一位卓越的政治演说家。他天生口吃，嗓音微弱，还有耸肩的坏习惯，但是他的梦想是成为一名演说家。这在常人看来简直是痴人说梦，根本是不可能实现的梦想。

在演讲学校的入学考试时，都摩斯梯尼直接被"没有天赋"的理由给拒绝了。但是，梦想的光辉给了都摩斯梯尼无限的勇气，他对镜子中的自己说："你一定可以成为出色的演说家，永远不要放弃这个梦想。"了解到自己的弱点后，他便找到了努力的方向，由于天生不足，他必须比其他人付出更多的努力。可是，外面的世界对他有着巨大的诱惑。

为了让自己能静下心来认真练习，都摩斯梯尼做了一个惊人的决定：把自己的头发剃掉一半，成了"阴阳头"。这曾是为了惩处罪犯使用的手段，也是对人的一种侮辱，让罪犯不敢见人。都摩斯梯尼这样做，就是为了让自己断了出门的想法，能专心地在镜子前朗读、演讲。

长期的练习使得都摩斯梯尼的舌头越来越灵活，从说话结结巴巴到清晰流畅。他不仅拥有了超人的表达能力，还因为广泛地阅读而获得了丰富的知识。

在演讲学校的入学考试上，都摩斯梯尼妙语连珠，连连挫败对手。其中一个教授认出了都摩斯梯尼，知道他去年来的时候还是结巴的青年，便问："年轻人，你是怎样做到的？"

都摩斯梯尼笑着说："我并没有放弃自己的梦想，所以，我弥补了自己的缺点，今天才得以站在这里，您认为我现在可以成为一个演说家了吗？"

教授肯定地点头说："当然可以，因为你拥有了成为演说家最好的天赋。"

如今，竞争愈加激烈，大部分人都心怀美好的梦想，也为梦想摸爬滚打，可是为什么最后脱颖而出，到达梦想彼岸的人却只是极少数呢？因为只有极少数人在面对困境时选择迎难而上、坚持不懈，视困难为对自己的考验，坚定一个信念——永不放弃。

年轻的我们存在这些不足，是情有可原的，不要因此感到垂头丧气。当我们被挫折包围时，请千万不要就此放弃，我们要相信，此刻成功正在不远处向我们招手。世上没有比脚更长的路，只要敢于直面困境，坚定地走下去，那么成功也不会放弃你。

梦想启示

"冰冻三尺非一日之寒。"有时候，成功者与失败者的区别仅在于：失败者走了九十九步，而成功者坚持走完了第一百步。不要太急于对失败下结论，遇到一点挫折就对自己产生怀疑，半途而废，一定要有一种屡败屡战的战斗精神，经得起风雨，你才是最后的胜利者。请认定你的梦想，告诉自己"永不放弃"，你就会看到梦想成真的光芒。

机遇面前不犹豫

　　莎士比亚曾说："好花盛开，就该尽先摘，慎莫待美景难再，否则一瞬间，它就要凋零萎谢，落在尘埃。"其实，机遇如好花一样，我们期待它的降临，可是当它降临时，我们却犹豫了。而就在我们犹豫的那一瞬间，它又飘然而去。不管我们如何扼腕叹息，它都一去不复返。在我们追求梦想的路途中，能否抓住机遇往往决定着我们的梦想能否成真。

　　当机会来临时，许多人由于犹豫而没有抓住机会。犹豫不决，踌躇不前……这些从来不是梦想成真的朋友，而是敌人。很多时候，一个机遇就代表着成功，善于抓住机遇的人往往能事半功倍。

1894年，在英国伦敦的一个剧场内正在进行一场演出，可是，演员在表演时，突然嗓子失声了，台下顿时乱作一团。

观众趁机起哄，大声嚷着要退票。心急如焚的剧场老板只好找人来救场，可是事发突然，找了一大圈，根本就没有合适的人能够顶上去。

这时，后台的一个5岁小男孩站了出来，说："老板，让我上台试试，行吗？"

没有退路的老板看着男孩一脸的自信，抱着"死马当活马医"的心态让小男孩上台。结果，这个小男孩上台后，又跳又唱，将观众的情绪逗到了极致，一首歌还没完，就有观众向台上扔硬币。

小男孩一边滑稽地捡起钱，一边唱得越发起劲了。

过了几年，法国著名的喜剧明星马塞林先生在一个剧团与大家同台献艺。在马塞林先生的剧目中，需要一个演员作为配角演一只猫，可因为马塞林享有盛名，那些优秀的演员都担心会毁了马塞林的演出，不敢接受这个角色。最后，还是那个小男孩站了出来，说："让我试试吧。"大家都为这个男孩捏了一把汗。然而，令大家没想到的是，他同马塞林的配合非常完美，给观众留下了深刻的印象。

1913年，这个从小在游艺场和巡回剧团中卖艺或打杂的男孩随着卡尔诺哑剧团去美国演出，被美国导演塞纳特看中，从此，开始了他的电影生涯。

1914年2月7日，一个头戴圆顶礼帽，手持竹手杖，足蹬大皮靴，走路像鸭子的流浪汉夏尔洛的形象首次出现在屏幕上，这是影片《威尼斯儿童赛车记》中的一个形象，而后，这一形象成了他喜剧片的标志，风靡了几十年。

这个小男孩就是大名鼎鼎的幽默艺术大师——卓别林。

对于卓别林来说，善于捕捉机遇无疑促进了他的成功。"让我试试吧！"一句简单的话，却给了他无限的机遇。而在机遇来临之前，他也在不断地充实自己，因此，当机遇来临时，他才有能力抓住它。

日本的"推销之神"原一平在69岁的一次演讲会上，有人问他"推销的秘诀是什么"，原一平没有回答，当场脱掉鞋袜，请提问者上台，说："请摸摸我的脚底板。"该提问者摸过之后，惊讶地说"您脚底板的老茧真厚！"原一平说："因为我走的路比别人多，跑得比别人勤，所以脚底板的茧子特别厚。"提问者恍然大悟。

可见，机遇不常有，而且只留给那些有准备的人。正如孟子所说："天将降大任于斯人也，必先苦其心志，劳其筋骨，饿其体肤，空乏其身，行拂乱其所为，所以动心忍性，增益其所不能。"

抓住机遇，是自信的一种体现。因为相信自己能够做得好，所以在机遇面前不会胆怯。如果一个人在机遇来临时，只会自怨自艾，挑剔上天不公平，那他就永远错失了机遇，最终落得一场空。那么，该如何把握机遇，实现梦想呢？

第一，要随时做好准备。趁着年轻，尽可能地获取知识，完善自己的知识结构。

第二，要从小事做起，认真做好每一件事。机遇总是突然、不知不觉地出现，有些人甚至一辈子都感知不到机遇的到来，因为机遇并不会轰轰烈烈地到来，而是隐藏在一些小事中。因此，我们要从小事做起，认真地做好每一件事，在细微之中抓住机遇。

第三，当机遇出现时，要全力以赴、兢兢业业地抓住它。机遇并不会眷恋某个人，它总是匆匆地来，匆匆地走。当我们意识到机遇的降临时，一定要抓住它，不要掉以轻心，因为梦想能否实现就差一点点机遇。

机遇是在世间万物运行中碰巧形成的一个有利的夹缝,这个夹缝很小,稍纵即逝。因此,一旦找到了"缝",就必须抓紧时间,把握机遇,并且马上采取行动,莫等到机遇流逝之后空后悔。只有把"针"牢牢地插进"缝"里,才不至于丧失良机。牢牢把握住人生中的每一个机遇吧,它会助你梦想成真,让你成为未来的赢家。

第九章

情商，能使梦想的实现事半功倍

一个人的智商不高，通过后天不懈的努力可能也能取得成功；然而，如果一个人的情商不高，则很难取得成功。

人际关系意味着机遇。如今，生活节奏不断加快，面对复杂的人际关系，没有较高的情商很难抓住成功的机遇，也难以实现梦想。情商高的人，人们都喜欢与他交往，总能得到他人的拥护和支持。而人际关系是人生中的重要资源，良好的人际关系往往能使一个人获得更多的成功机会，使得梦想的实现事半功倍。

学会倾听可以拉近人与人之间的距离

倾听是人与人沟通最重要的艺术,处理不当,就会失去真正的沟通。有一句名言:"雄辩是银,倾听是金。"在人际交往中,少说多听,可以营造和谐的气氛,还可以拉近人与人、心与心的距离。

在与人沟通时,如果只顾着自己喋喋不休,不管他人是否有兴趣听,就会让人很反感,下一次再遇见可能会选择避而远之。每一个成功人士,都不是喋喋不休之人,他们知道要想得到别人的尊重,唯一的办法就是少说多听,并且是有耐心地倾听。

每个人都希望得到别人的尊重,受到别人的重视。倾听可以表现出对讲话者的尊敬和高度赞美,更是对讲话者最好的祝福。当我们专心地倾听对方的话时,他会有一种被重视和尊重的感觉,也一定会喜欢我们、信赖我们，拉近我们与他之间的距离。当我们满足了对方被尊重的需求，我们也会因此而获益。

人在倾听和被倾听的过程中完善自己，融入他人的世界，找到适合自己的定位和最适合自己的生存方式。在与他人沟通的过程中，如果对别人的话听到一半就打断他，对他人的意思一知半解，不仅会误解他人的意思，还会引起他人的反感。

林克莱特是美国非常受人欢迎的主持人，他不但善于沟通，而且善于倾听。

一次，电视台做一档儿童访谈节目，台里认为和小朋友谈话有点艰难，不利于沟通，因为小朋友与大人的思维不一样，小朋友的很多话难以让成人理解。因此，就安排了善于沟通的林克莱特亲自上阵。

节目开始了，为了引起大家的兴趣，林克莱特与台上的小朋友打过招呼之后，便从小朋友最感兴趣的话题插入，问："大家觉得飞行员这个职业怎么样？"

有的小朋友说："很威风，他们穿的衣服很酷。"

有的小朋友说："飞行员的要求非常严格，需要良好的身体和丰富的知识。"

另外一个小朋友说："我的愿望就是成为一名飞行员，专门驾驶飞机，为所有的人服务。"

林克莱特接着问："可是，你知道做飞行员的风险很大吗？"

小朋友坚定地说："我不怕。"

"如果你驾驶的飞机在飞行的过程中，燃料用尽了，引擎即将熄灭，你会怎么办呢？"林克莱特接着这个话题问，这也引起了在场观众的好奇心。

小朋友想了一会儿，说："我会让其他人坐好，并系牢安全带，我自己跳伞，先离开。"在场的观众听到小朋友的回答，哄然大笑。

看到大家的反应，小孩子急得快哭了。林克莱特意识到孩子还有话要说，便示意大家安静下来，继续问："为什么你先跳伞，其他人呢？"

小朋友说："我要快点去取燃料，在飞机降落之前赶回来救大家。"这时，观众们震惊了，真相原来是这样。

很多时候，我们很多人只听了孩子一半的话，便曲解了孩子的意图，忽略了孩子的天真和天然的悲悯之情。

在沟通过程中，之所以需要认真倾听，是因为只有把别人的话听完整了，我们才能了解他所想要表达的真实感受。可是，在现实生活中，很多人做不到这一点，总是急于去表达，听到别人前半句就要发表自己的看法。殊不知，我们可能会因此让倾听半途而废，进而曲解对方的意思。

很多人有不求甚解的习惯，在他们看来，说话比倾听更能表达自己的思想。其实不然，当我们不认真去倾听，对别人的谈话不求甚解时，就容易自以为是地将自己的意思折射到别人所说的话中。因两人沟通不顺引起某些不好的结果时，只会抱怨说"我以为你是这样的意思……"

要想成为一个善于沟通的人，首先要做到耐心，不要在倾听别人讲话时半途而废。在人际交往中，我们最怕也最无奈的就是被人误解，而我们却常常误解别人。要想两个人之间的沟通没有误解，就要学会交流；要想成为一个善于沟通的人，就需要学会倾听。

梦想启示

在实现梦想的路上，我们需要被人关注，被人理解，同时我们更需要去关注和理解别人，而倾听便是理解的最佳方式。在实现梦想的路上，当我们的行为和思想得到了他人的理解时，就能得到更多的支持，也能更好地实现梦想。

谦卑做人，总会有路可走

谦卑不是自卑，是自谦。人生在世，总会遇到不同的人，碰到不同的事，如果不能用正确的心态去面对，遇到事情，就会如坐针毡，难以应付梦想途中的风风雨雨。

只有谦卑的人，才能沉稳地对人对事，面对瞬息万变的风云，理性地面对自己，不断地在时间中锻炼自己，增长阅历，提高修养。在一次次暴风雨中，学会沉稳，虚心向他人请教，遇事多想多问，并不会觉得问别人是降低自己的身份。相反，在听取他人的建议时，不仅可以增进与他人的感情，还会增加自己的经验。而骄傲自大、不懂听取他人意见的人，只会自我封闭，就算不是众叛亲离，最终也会变成孤家寡人，不受人欢迎。

谦卑的人会随时注意发现身边人的长处，随时以他人之长补自己之短，这不仅能磨平自己的棱角，还可以丰富自己的内涵。哪怕是芝麻、绿豆大的小事，也要用谦恭的态度去听取他人的意见，这样才能拿出一个更好的解决方案。

每个人都希望自己实现梦想的路途宽阔、平坦、一帆风顺。然而，实现梦想就如在路上行车，不管我们怎么走，都必须遵守交通规则。如果我们想走得顺畅，就必须也要让别人走得顺畅。因此，在必要时，必须要谦卑地给别人让路。

现实中，总有一些人的自我意识、虚荣心、嫉妒心都很强，什么好事都希望自己占尽，看不惯别人比自己成功，也不愿意别人走在自己的前面，因此，他们不愿意谦让他人，也不愿意与人分享。然而，这往往会事与愿违，因为在断了别人的路之后，也会把自己的路给堵死。

在待人处世中，一定要谦虚做人，特别是当自己处于不利的位置时，不妨退一步，这样不但可以避其锋芒，脱离困境，还可以另辟蹊径，让自己占据主动地位，实现自己的梦想。

一位高校计算机博士生毕业后，打算找一份适合自己的工作，可是出乎意料的是，很多公司一看到他的学历是博士，便不愿意贸然录用他。思前想后，他决定收起他的学历去求职。不久，他就被一家公司录用为程序输入员。这份工作对他来说简直是大材小用，但他仍一丝不苟地干着。

一次，公司的程序中出现了错误，其他的工程师找了很久，都没发现错误，而他一眼便看了出来。老板感到很诧异，觉得他并非一般的程序员，这时，他拿出了自己的学位证，于是老板给他换了与他对口的职位。

过了一段时间，他独到且有价值的建议让老板觉得他比其他大学生更高明，他又拿出了他的硕士证。又过了一段时间，老板觉得他还是与其他人不一样，比其他人更加专业，就找他谈话。这时，他拿出了他的博士证。老板对他的水平有了全面的认识，便毫不犹豫地重用了他。

案例中的求职者以一种低调的方式一步步地接近自己的目标，取得了成功，实现了人生的梦想。可见，谦虚是一种态度，一种面对成绩、成功而非常平静的态度。也正因为谦虚的人能以正确的态度去面对人生中的成功，才不会在取得一点成功之后沾沾自喜，迷失自我，而是能始终坚持自己的梦想。

《尚书》中有一句话："满招损，谦受益。"纵观古今中外，关于戒骄的论述不计其数。谦卑的人清楚自己的长处与弱点，能虚心地接受不同的意见，以更宽广的胸怀接受他人的批评。

19世纪，法国画家贝罗尼有一次去瑞士度假，顺便背着画架去写生。

一天，他在日内瓦湖边专心写生，这时来了三名英国女游客，看到他在画画，便过来观看，并在一旁指手画脚地批评起来。一个说这里画得不好，一个说那里画得不对，贝罗尼虚心地听她们的建议，并一一地修改了过来，最后，还对她们说了声"谢谢"。

第二天，贝罗尼搭车去另外一个地方，在车站又遇到了昨天的那三名女游客，她们正在交头接耳地议论着什么。她们看到了他，便走了过来，问："先生，听说大画家贝罗尼正在这里度假，所以特地来拜访他。请问您知不知道他在什么地方？"

贝罗尼朝她们微微鞠躬，回答说："不敢当，我就是贝罗尼。"

三位女士听了之后大吃一惊，想起昨天的不礼貌，红着脸跑开了。

贝罗尼虽然是大画家，但面对他人的指手画脚，他始终保持着谦卑的姿态。凡是能够谦逊地评估自己能力的人，总能让他人信服。

谦虚的品质不仅意味着我们养成了正确看待自己优缺点的习惯，还会以正确的态度对待他人的称赞。谦卑的人懂得发现自己的缺点，认真面对自己，拿出决心和坦然面对的态度，战胜圆梦途中的挫折。很多时候，打败自己的往往不是复杂的事情，而是骄傲自大，总觉得自己才是对的，不断地放大自己的优点，缩小自己的缺点，有一点成绩就沾沾自喜，最终在虚幻的光环里迷失自己。

谦卑的人懂得低头看路，低下头，才能看清脚下的路是鲜花满地还是坎坷泥泞，才能让自己迈出的脚步不至于扎满荆棘。谦卑，不是自卑，是一种谦虚的情怀。在低调做人的谦卑中，不断地提升自己，从而在自己的沉稳从容中，让所有的事情都迎刃而解，让梦想的路途越走越顺。

梦想启示

"谦虚使人进步，骄傲使人落后。"这一句大多数人都能倒背如流的句子，有多少人懂得其中的含义呢？

谦卑不等于保守或自卑，更不等于不自信。保持谦卑的态度，可以让我们的人生路走得更顺，但过度的谦卑反而会伤害到你，不仅会让他人看不起你，还会认为你没有实力。谦卑不仅仅是承认自己的无知与不足，更重要的是要体现一种积极进取的精神。

不要为小事而生气

　　在与人交往的过程中，我们总会遇到一些小矛盾。有"宰相肚里能撑船"度量的人善于化干戈为玉帛，不为小矛盾而生气；而逞强好胜的人往往会被情绪牵着鼻子走，耿耿于怀，把小矛盾变成大矛盾，最后发展到势不两立的地步，既破坏了人际关系，又影响相互团结。

　　英国作家迪斯雷利说："为小事生气的人，生命是短暂的。"在生活中，经常有一些人为一些小事而生气，其实很多时候他们也不想这样做，可是控制不了自己的情绪。生气不仅影响自己的身心健康，还会影响周围的人际关系，在追求梦想的路途中，这种行为犹如自己抱一块石头，挡住自己的去路。

　　喜欢生气的人，总为一些鸡毛蒜皮的小事争执不休，徒然浪费有限的时间与生命。人与人之间的争吵,既是浪费精力又是无意义的事情。生气是一种选择,也是一种习惯,很多人在生气之后总说"我天生就是这样""我天生脾气就很差",这是无济于事的。

盘圭法师在每次说法结束之后,就让信徒提出疑问,并当场解答。

一位信徒问盘圭法师:"我天生脾气暴躁,不知该如何改正?"

盘圭法师问:"是怎么个'天生'法,你现在把它拿出来,我帮你把它消灭掉。"

信徒一时间愣住了,说:"不,现在没有,只是在碰到事情时,那'天生'的暴躁脾气才会跑出来。"

盘圭法师严肃地说:"既然现在没有,那就只是在你与他人发生争执的时候才制造出来的,你却把它当成是'天生'的,把责任推给了父母,实在是太不公平了。"

信徒经这么一指点,明白了原来所有的坏脾气都是自己制造出来的,而不是所谓的天生的。因此,从此以后便不再轻易发脾气了。

没有"天生"的坏脾气,人在生气时,容易做出未经审慎判断的事。人之所以生气,主要是受外界环境的刺激。然而,成功者往往有着非凡的自制力。

　　三国时期，诸葛亮率军北伐曹魏，魏国大将司马懿闭城休战。司马懿认为蜀军远道来袭，后援补给必定不足，只要拖延时日，消耗蜀军的实力，必能抓住时机，战胜敌人，因此不理睬诸葛亮。

　　诸葛亮深知司马懿"沉默"战术的厉害，几次派兵到城下骂阵，企图激怒魏兵出城决战。但是，司马懿始终沉得住气，按兵不动。诸葛亮又使用激将法，将一件女人的衣服送给司马懿，并修书说："仲达不敢出战，跟妇女有什么两样。你若是个知耻的男儿，就出来和蜀军交战，若不然，你就穿上这件女人的衣服。"

　　"士可杀不可辱"，这封信激怒了司马懿，但是老谋深算的司马懿仍然控制住内心的怒气，稳住军心，坚持不出战。过了数月，诸葛亮不幸病逝，蜀军群龙无首，悄然退兵，司马懿不战而胜。

　　如果司马懿不能忍一时之气，出城迎战，那么或许会是另一种结果。

　　人在生气时，会失去思考的能力，容易做出错误的判断。因此，我们要提高对外在环境的"免疫力"，不让自己轻易地陷入生气当中。

　　对自己的行为进行反省，看看过去自己生气是否有道理。也许你会发现，很多时候，是你自己在无理取闹。另外，在发怒之前，多想想发怒的理由和对象是否合适，发怒的方法是否恰当，你就不会轻易发怒了。

很多时候，我们生气都是因为一些鸡毛蒜皮的小事，别人一句不经意的话，就能让我们耿耿于怀，而后又把事情往最坏处想，结果，越想越生气，没事找事，自寻烦恼。此时，最好的办法是告诉自己要冷静，不要与人正面冲突，先冷静下来，再解决问题。

生气也是一种能量，但它是一种负能量，如果不加以控制，就会泛滥成灾；如果稍加控制，它的破坏性就会大减；如果合理控制，甚至可以转换成正能量。如果你平时是一个容易生气的人，那么不如找一个监督员，一旦你有生气的迹象，就让监督员立马暗示、阻止你，从而控制自己的脾气。

梦想启示

人生是短暂的，不要因一些鸡毛蒜皮的小事耿耿于怀，也别为这些小事去争吵而浪费时间、消耗精力。在追求梦想的路途中，人的精力和时间是有限的，不如控制脾气，节省一点时间和精力来为梦想奋斗。任何一个成功者都有着非凡的自制力。

善于发现别人优点的人，更容易遇见好机遇

有一天，老师拿着一张白纸走进教室，然后取出一支笔，在上面画上一个黑点，然后问同学们："同学们，请问这是什么呢？"

在座的同学们异口同声，不假思索地说："一个黑点。"

老师假装很惊讶地再问："你们只看到一个黑点吗？"

同学们还是齐声地说："对啊。"

老师沉默了一会儿，说："其实，我拿出来的是一张白纸，就在上面画了一个黑点，你们的注意力就全被黑点吸引了。黑点就像人身上的缺点，很容易被人注意到，所以我们要提高自己的修养；另一方面，请大家不要因为别人存在一两个缺点，就完全把他给否定掉。"

没有人是十全十美的，每个人都有缺点，可是，在生活中，很

多人往往喜欢盯着别人的缺点不放，却完全看不到别人的优点，就像我们一眼就盯到了那张白纸上的黑点一样。

很多时候，我们太过关注自己的光芒和别人的缺点，而容易忽略别人的闪光之处。而善于发现别人优点的人，往往更容易遇见好机遇。

希拉里说过关于她小时候的一件往事：

一个春天的中午，希拉里和爸爸在公园里散步。这时，对面走来一位老太太，虽然已经是春天了，但是她仍然穿得很厚实，仿佛冬天还没过去。希拉里对爸爸说："爸爸，你看，那位老太太真可笑。"

爸爸观察了一会儿，对希拉里说："希拉里，你是一个优秀的女孩，可是我突然发现你缺少一种本领，那就是发现别人的优点。与你的看法相反，我觉得那位老太太很值得欣赏。她穿得很厚，也许是生病初愈，身体比较虚弱。但是，你看她正在专注地欣赏着丁香花，这说明她热爱生命，热爱自然，难道你不认为她很美吗？"

听爸爸那么一说，希拉里认真地观察起老太太，发现老太太的内心就像怒放的鲜花一样欢喜，确实是很美。因此，她走上前，微笑着对老太太说："您欣赏鲜花的神情真美，让这个春天都变得更加美丽了！"

老太太开心地说："姑娘，谢谢你，你的赞美是我今天见过的最美的风景。"

每个人都有值得欣赏的地方，学会发现别人的优点，当你真诚地欣赏别人时，别人也会更好地欣赏你。只有善于发现别人的优点，才能不断地完善自己，才能在山高水长的追梦路上有所作为，立于不败之地。

善于发现别人优点的人，必然心胸广阔。而只看到别人缺点的人，往往心胸狭隘。

有一个秀才坐船过河，船刚离开河岸，秀才便问船工："你会吹笛吗？"

船工笑嘻嘻地说："我哪会吹笛啊，只会摆弄乘船的竹篙。"

"连吹笛都不会，你的生命失去了十分之一的意义。"秀才以一种戏谑的语气说。

船工默不作声。

秀才又问："你会抚琴吗？"

船工笑眯眯地说："我也不会抚琴，只会捣鼓船上的缆绳。"

"连抚琴都不会，你的生命又失去了十分之三的意义。"秀才以一种轻蔑的语气说。

船工低头不语。

秀才看到不远处的芦苇丛间惊飞起的野鸭，随口吟诵了几句王勃的名句，又不屑一顾地问："你会作诗吗？"

船工乐哈哈地说："我更不会作诗了，每天的鞋子倒是挺湿的。"

"连诗都不会作，你的生命又失去了十分之五的意义。"秀才嘲讽地说。

就在这时，突然下起了一场大雨，河流涌起巨涛狂浪，眼看船要翻了，船工急忙问秀才："你会游泳吗？"

"不会……"秀才大惊失色地说。

"连游泳都不会，那你这生命的意义恐怕要全部失去了。"话音未落，一股大浪袭来，船翻了。

生活中有很多类似的情形，不是别人的身上一无是处，没有优点，而是有些人总是看不到别人身上的优点。

梦想启示

善于发现别人的优点，发现别人的闪光之处，是一种本事；善于挖掘别人的长处，是一种境界，而肯定他们的价值，则是一种为人处事的大智慧。愿你有一双善于发现别人优点的眼睛。

第十章

心态，左右梦想，决定命运

心态有消极与积极之分，心态不同，看事情的角度也会不一样。拥有积极的心态，看什么都是积极的、乐观的、向上的，梦想的实现是近在咫尺的事；而拥有消极的心态，则看什么都是灰暗的、沮丧的，梦想是难以实现的。

带着积极的心态出发，我们就能看到自己的生活像花儿一样美好，我们的梦想就能落地开花。

大器晚成也是一种成功

有些人梦想的实现比别人晚一点，但那又怎样？即使现在我们还是一无是处，也不用着急，或许我们只是大器晚成。最重要的是，要找到自己的梦想，然后沿着正确的方向走下去，终究有梦想成真的那一天。

实现梦想是每个人都渴望的事情，没有谁愿意一生忙忙碌碌却无收获，也没有谁愿意放弃任何一丝成功的希望。但是实现梦想也是一个积累的过程，只有积累到了足够多成功的经验，才能离成功越来越近。

2015年，刘青云凭借电影《窃听风云3》获得了第34届香港电影金像奖最佳男主角。其实，在此之前，他已经被提名了15次。

有人说，刘青云是香港演员里最不需要证明自己演技的演员。15次提名，2次影帝，他不是一个天才演员，只是缺少了一点运气。

1964年，刘青云出生在香港。18岁，毕业后去一家公司做了小职员，工作稳定，但并没有多大出息。当时，无线艺员训练班开始招生，他的父亲就建议他去报考，但当时刘青云并没想到要去做演员，因此也并没有把父亲的话放在心上。而后，他的父亲非常严厉地对他说："我看你适合做这个，快去报名！"因此，刘青云才加入了TVB第12期艺员训练班，与刘嘉玲、吴启华、陶大宇、吴君如等人成了同班同学。

在TVB培训期间，刘青云是最不引人注目的学员。其他同学都演上了主角，他还是不温不火，在龙套和没有几句台词的配角之间徘徊。

在拍《香港也疯狂》时，刘青云只是一个小角色。在剧中，他与一个非洲演员搭档，虽然语言不通，但俩人配合得很默契。导演看了他的表演，把原本三天的戏越加越多，最后把已拍好的戏重新拍，把刘青云作为一个角色加了进去。

1992年，刘青云接受TVB金牌监制韦家辉的邀请，与郑少秋、蓝洁瑛、郭蔼明合作出演电视剧《大时代》，饰演方展博这个角色，让他一夜成名。浮浮沉沉了8年，刘青云终于盼得梨花开。

刘青云在无线电视台浮浮沉沉多年，从配角到主角，一步一个脚印，离不开他慢慢的积累。

在一次采访中，主持人问："你是被提名最多次数的演员，大家都认为金像奖欠你一个影帝，你对这件事怎么看？"

刘青云答道："我有很多次提名，却又拿不到金像奖，当然会觉得很失落。但我不会纠结于这个问题，我相信一件事，只要我继续拍电影，这是最基础的，只要做好最基础的事情，很多事情就自然会发生。"

在刘青云的这一生中，他始终不卑不亢，不慌不忙。耐得住性子，就能看得到机会，就能看到梦想成真的光芒。

人生在世，总要努力地为梦想奋斗一次，实现人生中的一个或大或小的梦想，才不觉得枉走这一步。在实现梦想的路途中，有些人或许会早一点，有些人或许会晚一点，像刘青云一样，踏踏实实地积累，大器晚成，也是一种成功。

"不积跬步，无以至千里；不积小流，无以成江海。"成功从来都不是一蹴而就的，没有谁能够一步登天。所以，要脚踏实地，不断提升自己。

很多人常说："比我聪明的人比我努力，那我的努力还有什么用呢？"也许，那些比你取得更高成就的人并没有比你更聪明，只是比你更努力，比你更幸运一点，所以他们的成功来得比较早。如果你努力了，成功也许不会像预期的那样早早到来，但迟早有一天，它会到来；如果你不努力，那么你将一事无成。

梦想启示

只有打开心灵的窗户，梦想的光芒才能照进来

　　每个人的心都是自由的，每个人在追求梦想的路上也是自由的，如果你感觉到累，那么一定是你自己把自己给束缚住了。"世上本无事，庸人自扰之。"在追梦的路上，千万不要做一个自筑牢狱的庸人。

　　废除心底的那座监狱，让自己的心灵从牢狱中解放出来，才能以最好的状态迎接梦想的到来。如果你庸人自扰，他人是帮不上任何忙的，也没人能把意志强加到你的头上。境由心生，要废除心底的监狱，解放自己，从而以快乐的心态去面对生活中的不如意。

　　传说终南山麓有一种快乐藤，拥有者会拥有快乐，不知烦恼为何物。有一个人听了这个传说，便不惜跋山涉水去寻找快乐藤。他历尽了千辛万苦，终于到了终南山麓，找到了快乐藤。可是，虽然

他得到了快乐藤，但他发现并没有预想中那么快乐，反而有点空虚和失落。

这一天晚上，他在山下的一位老人家中借宿，面对皎洁的月光，他长叹一声，老人闻声而至，询问："年轻人，你为何发出如此无奈的叹息呀？"

于是，他说出了自己心中的疑虑。老人一听，乐了，说："其实，快乐藤并不在终南山，而在每个人的心中。只要你有快乐的根，不管走到哪里，也不管你在做什么，你都会感到快乐。"

这一番话让年轻人感到耳目一新，又问："那什么是快乐的根呢？"

老人回答说："心就是快乐的根。"

卡耐基曾说："许多不快乐的人会认为，只要改变处境，他们就会快乐。其实，这很难说。因此，尽量从自己正在做的事情中获取快乐吧，别把快乐的愿望寄托在将来。"快乐就在每个人的心里，不需要到处去寻找，只有发自内心的快乐，才是真正的快乐。

只要不束缚自己的心灵，那么，无论我们是一贫如洗还是一时不得志，都可以求得快乐。一个人的心理状态和他的行动是成正比的，如果一个人整天郁郁寡欢，那么他所有的行动都会处于消极状态，更别说去追求自己的梦想了。

不管是生活还是学习或工作，快乐都是核心。有些人因为一些小事而辗转反侧难以入睡，这不仅会影响睡眠质量，伤害到身体健康，还会影响到第二天的精神，进而影响到我们追求梦想的步伐。因此，废除心底的束缚，带着快乐出发，保持快乐的心境，生活才会更加美好，人生才会幸福。

很多人痛苦是因为活在思想里，而这些思想往往是负面的、恐惧的和担忧的。有担忧和恐惧，就会抗拒，而抗拒是非常大的负能量，会消耗掉我们大部分的正能量。因此，我们一定要废除心底的监狱，从不愉快的思想中跳出来，做些让我们感觉到快乐的事情。

一位父亲想考验一下自己的三个儿子，看看谁最聪明，于是出了一道题：他给每个人一百元钱，让他们去买他们所能想到的东西，设法来填满一个一百平方米的大仓库。

大儿子想了想，就去买了最便宜的稻草。但是，100元钱的稻草运回来了，却连仓库的一半都没有占满。二儿子拿这100元买了卫生纸，将卫生纸揉得松松散散的，却也只占了仓库的三分之二。

小儿子什么都没买，而是将仓库的窗户全部牢牢关上，把父亲和两个哥哥请进仓库。父亲和哥哥们不知他到底要做什么，但还是顺从地走了进来。当他把仓库的门关上时，仓库霎时变得伸手不见五指。这时，小儿子推开了仓库的天窗，漆黑的仓库瞬间就充满了阳光。他笑着说："这就是我用来把仓库装满的东西——阳光。"父亲看了小儿子的举动，赞不绝口。

那100元就像是外界对我们心灵的束缚和约束，我们只有跳出这个枷锁，才能找到更好的办法。而这个仓库就宛如人的心灵，只有把心灵的天窗打开，阳光才能照射进来，把它填满。不然，即使费尽心机，找来再多烦琐的东西，也不能将其装满。那么，如何废除自己内心的那座监狱，寻找快乐呢？

第一，及时清理和释放自己的负面情绪。通过清理和释放，身体和心灵就会更加纯净。我们可以通过很多方法来清理和释放，如练瑜伽、亲近自然等。

第二，保持觉知。觉知当下就是时刻要知道自己在做什么，关注自己的内心，当内心升腾出不平和的情绪时，请立刻停止，不要沉溺于消极的情绪中，可以用一些让我们感到开心的事情来转移注意力，改变自己的状态。

第三，行动起来。从思想中解放出来，最好的办法就是行动。思想会制造很多的恐惧和担忧，只有真的去行动了，才能有自己的领悟。

梦想启示

美国总统曾说："只要你想，就可以足够快乐。"人生在世，不如意的事常有八九，我们总会遇到许多不顺心的事，让自己烦恼。作为年轻人，面对升学考试的压力，还要与亲人、同学等处好复杂的关系等，这会让我们感觉到很疲惫。有些人选择把自己关到心灵的监狱里，如同蚕作茧自缚，这样只会把自己的生活弄得越来越糟糕。其实，面对生活中的不如意，最佳之计是不跟自己过不去，把心底的那座监狱废除掉，从不快乐中解放出来，这样我们才能看到梦想的光芒。

列出一份恐惧清单

很多人怀揣梦想，却不敢有所行动，总是拖延，一个重要的原因就是内心有恐惧，却从未去直视它。其实，对付恐惧的办法，就是要看清这份恐惧。列出一份恐惧清单，并逐渐战胜恐惧，只有战胜它，我们才能更好地去实现梦想，拥抱梦想。

在实现梦想的途中，有些想法总是若隐若现，一边是笃定的向往，一边又是对未知的不安。时间久了，就开始怀疑自己，搞不清楚自己的定位，不知道什么适合自己，自己能为梦想做什么，一直呼唤梦想，寻找定位，又一次次在恐惧中捍卫梦想，变成行动的侏儒。

很多人对生病感到恐惧，担心疾病来袭时，自己还有其他事情需要处理，没有多余的精力去应对，或没有足够的经济实力去应对。其实，如果我们害怕自己生病，那么就可以在日常生活中积极锻炼自己的身体，注意控制饮食，定时体检。

恐惧不是我们的敌人，它的到来是为了让我们更加了解自己，学会更爱自己，在实现梦想的路途中更有勇气去面对一切未知。如果我们正在为某些事情感到恐惧，不妨在一张纸上列出来，然后冥想一下，当恐惧来临时，我们该如何去减少这份恐惧，而不是被这份恐惧吓倒。

有一个女孩身材高挑，窈窕动人。可是读了高中之后，她的食欲变得特别大，而且她不会控制自己，因此她的体型发生了巨大的变化，再加上她姓马，同学们给她取了一个绰号——"大河马"。

其他同学这样叫她也就算了，就连好朋友也这么称呼她，她感到特别郁闷，于是抗议说："你们怎么这么没良心，还是不是好朋友，怎么一点儿同情心都没有，还拿我来开涮。你们知道我最怕被人家说我的体重啦。"

闺蜜则回应说："你也知道怕人家说啊，那怎么不早点采取行动减肥呢？只要你减肥成功，我们自然就会闭嘴啦。"

在生活中，面对我们的缺点，我们总是恐惧被他人发现并被人当成谈资，其实，与其恐惧他人发现我们的弱点，不如尽早地接受并改变，如此就不再恐惧被他人笑话。

毛毛虫经过几个月千辛万苦的蜕变才化茧成蝶，老鹰经过生不如死的撞击才能换掉老化的翅膀，飞上天空。列出恐惧清单，面对它，克服它，是对自己的重新认识和改造，如此才能在追梦的道路上更上一层楼。

改变自己，就是要面对自己的恐惧，是对自己的重新认识和再改造。改变自己，才能在追梦的道路上更上一层楼。

如果你怕水，那么就去学游泳，请一个教练，进行系统学习。当你在水中像鱼儿一样自由自在地游来游去时，你会发现自己原来可以体验到畅游的欢乐。

如果你害怕每次的数学考试，因为那些算术在你看来如天书，那么从基础学起吧，把所有的公式都熟记于心，到做题时信手拈来，你就会发现，数学也可以非常有趣。

列一个清单，写出自己害怕的事情，觉得困难的事情，需要克服的事情，在实现梦想的路上让你踌躇不前的事情，然后一件件地慢慢地试探自己，挑战自己。当你完成之后，你就会发现自己越来越有信心，也会越来越开心快乐。

梦想启示

我们对梦想的期待往往被扼杀在萌芽阶段，甚至还没开始，就不断地怀疑自己：这不可能吧？怎么会这样？会不会很难？于是，我们便止步了。每个人都有自己恐惧的一些事情，与其忐忑不安，不如列一个清单，勇敢地面对，一项项地去克服。克服心底的恐惧，就能提升自我的能力，实现自己的梦想。如果你想在实现梦想的路上少点障碍，那就把心中的恐惧列出来，然后战胜它吧。

在追求梦想的道路上要走好脚下的每一步

　　脚踏实地，比什么都重要。天下没有不劳而获，也没有一夜暴富。在追求梦想的途中，我们一定要脚踏实地。

　　达·芬奇能成为赫赫有名的画家，离不开他一笔一画认认真真的练习；《本草纲目》的诞生，离不开李时珍几十年如一日的采集整理；鸿篇巨作《红楼梦》的问世，离不开曹雪芹十载批阅的呕心沥血。每个成功人士最终能实现梦想，都离不开他们在追梦过程中的踏踏实实。

　　哥廷根大学创建于1734年，是德国著名的大学。

　　1862年，哥廷根大学的医学院迎来了一批新生。开学一个月后，该院的亨尔教授打算对这一批新生进行一次面试和笔试，便在新生不知情的情况下,把自己多年积下的论文手稿搬到教室里,分发给每位学生,请他们认真仔细地重新誊写一遍。

当学生们接过亨尔教授的论文手稿时,他们发现手稿已经非常工整了,因此,很多学生认为根本没必要再誊写一遍,誊写草稿这种既没有价值又烦冗枯燥的工作,简直就是在浪费时间,还不如抓紧时间搞研究。

最后,他们得出结论,只有傻子才会留下来誊写这些草稿。于是,他们纷纷离开了。不过,还真有一位"傻子"留了下来,认真地抄写着论文手稿,他就是柯赫。

虽然柯赫不知亨尔教授葫芦里卖的是什么药,但他还是认真地抄写着。很快,同学们开始取笑柯赫,认为他是"最傻的人"。

柯赫并没有因同学的取笑而停止这项任务。一个学期过去了,柯赫终于抄完了教授的手稿,并将其送到亨尔教授的办公室。看到送来手稿的柯赫,亨尔教授严肃地说:"孩子,我向你表示崇高的敬意!在我所有的学生中,只有你完成了这项工作,其他学生没有一个人愿意做这种繁重、乏味的抄写工作。"

看着柯赫一脸的疑问,亨尔教授接着语重心长地说:"我们从事医学研究的,不仅需要聪明的头脑和勤奋的品质,更需要一丝不苟的精神。尤其是你们年轻人,往往急于求成,而忽略了最可贵的细节。要知道，在医理上即使只是走错了一小步，也是人命关天的大事呀！所以，抄写手稿，其实不仅是学习医学知识的好机会，更是一个修炼心性的过程。"

听了亨尔教授的这番话，年轻的柯赫震惊了，也深刻地认识到身为一名医学工作者的责任重大。因此，在此后的学习和工作中，柯赫从不投机取巧，而是踏踏实实地工作，养成了严谨的学习态度和研究作风。

正是这种做"最傻的人"的心态，使柯赫成为第一个发现传染病是由于病原体感染而造成的人，首次发现了结核菌和霍乱菌。1905年，柯赫荣获了诺贝尔生理学与医学奖。

柯赫之所以能够取得成功，是因为他甘愿当一名"傻子"，在研究方面不投机取巧，而是踏踏实实地做好手中的每一件事。

柏拉图在教育他的学生时说过："人的生活必须要有伟大理想的指引，但是仅有伟大的理想而不愿意脚踏实地，一步一个脚印地朝着理想奋进，最终都不能成为完美的生活。"在追求梦想的道路上，很多人只顾着远处的目标，却没走好脚下的每一步，最终会因一个不小心而使前面的努力都付诸东流。

只有走好脚下的每一步，才能扎实基础，才能在激烈的竞争

中站住脚，一步一个脚印地去尝试、去体验，才能让梦想变成
现实。

　　战国时期，赵国大将赵奢的儿子赵括从小熟读兵书，也爱谈论
军事，别人都说不过他。因此，他以为自己是天下无敌。但赵奢很
替他担忧，认为他不过是纸上谈兵，并没有实践经验，说："将来
赵国要是用他为将，必定会使赵国大败。"

　　果然，公元前259年，秦军来犯，赵军在长平坚持抗敌。当时
廉颇年岁虽高，但作战计谋仍不少，一时抵制了秦军。可是，秦
国采用了反间计，派人到赵国散布消息说"秦军最怕赵奢的儿子
赵括将军"。赵王听了以后，信以为真，便派赵括替代了廉颇。
从未上过战场的赵括自以为自己很会打仗，便照搬兵书条文，改变
廉颇的作战方案。结果，四十多万赵军被尽数歼灭，自己也死在秦
军的箭下。

　　每一个人的成功都不是一步到位的，而是脚踏实地一步一个脚
印走出来的。因此，在我们的生活中，更需要用脚踏实地的精神做
好生活和学习上的每一件事，让每一件事见证我们的成长，相信最
终定能收获梦想的种子结出的硕果。

　　如果一个人的眼睛总盯着高处、远处，却不愿做好身边的事情，那么，在追寻梦想的途中，我们总会遭遇到挫折，而且我们以后的生活旅程也将布满荆棘。在这个世界上，没有任何一个人能一步登天实现梦想，只有踏踏实实的，才能实现梦想。年轻人，戒掉眼高手低的毛病吧，踏踏实实地做好每一件小事，这样才能为梦想垫下最坚实的基石。

梦想启示

只有接受事情的不完美，才会到达成功的彼岸

事事追求完美，从表面上看，这是一种积极向上、拼搏努力的表现。不可否认，追求完美是人类前进的动力之一，但是，过分地追求完美，自然常常达不到要求，从而会使我们陷入希望破灭、结果悲惨的心理问题中，给我们的身心带来难以抚慰的痛苦。

有一句话说："不完美才是人生。"在追梦的路途中，人人都希望完美地完成自己的愿望。可是，如果对每一件事都追求完美，那就有点吹毛求疵了，毕竟在追梦的道路上，没有任何事可以达到与原来设定的一一对应，也会有不如愿的事情。如果因一点小事的不完美而停步不前，那只能是因小失大。

在学习上，如果我们过于追求完美，每次做完一道试题就反反复复地检查，那么，这种苛求完美的心态并不会让我们的学习得

到有效的提高，反而让我们的学习效率变得越来越低下。这并不能保证我们的学习中不会出现错误，而当我们再次发现我们仍然出现错误时，就会产生烦躁自责的心理，如此，就更加阻碍了我们的学习。

其实，缺陷也是一种美。过于追求完美，反而什么事情都做不好，或者什么事情也没做到。对于梦想更是如此，要知道，世上既没有完美的人，也没有完美的事，过于追求完美，将会让自己错失机会，也会错失成长，甚至会引发心理疾病。

一篇《英国整形狂人后悔不已》的文章引起了哗然：

一个名叫杜瓦尔的英国女子求助于整形医生，想让自己看起来更像芭比娃娃，想要变得更加完美，因此，从17岁第一次接受隆胸整形手术之后，随后陆续动了50余次刀，包括16次隆胸术、6次隆鼻、11次眼部提升、脸型休整、面部整体提升、腹部除皱、臀部植入、垫下巴、去除下巴植入物等，花费达百万英镑。除手术外，她还不时注射肉毒杆菌和填充物，总共接受了330多次整形美容。然而，她仍然控制不了自己去整形。

其实，由于对外表的完美追求，杜瓦尔已经患上了"身体畸形恐惧症"，这是一种与焦虑症和强迫症相关的心理疾病，患者总想去追求完美，因而容忍不了自己身上某个部位存在的缺陷。然而，经过了那么多次的整容，杜瓦尔表示："经过这么多次手术，我的脸不能动，无法自如微笑，不能用鼻子呼吸。再看手术前的照片，我发现自己长得并不差，如果从未做过手术，可能比现在漂亮得多。"

这是一个整形美容狂人的悲剧。然而，在生活中，仍然存在类似的人和事，为了追求完美，不惜一切代价，最终结果却是有苦难言，后悔不已，饱尝痛苦和不幸的苦果。

其实，在实现梦想的路途中，我们以梦想为目标，然后尽力做好每一件事，就是最完美的做法了。不要让尽善尽美主义妨碍我们做事。

追求完美乃人生至苦之事，是一种夸父逐日般的求而不得。更苦的是，空有一颗追求完美的心，却没有追得到完美的能力。当力量与目标之间有着巨大的差距时，我们又要经历内心无限的挣扎。因此，不如学会平视自己，以一颗谦逊之心面对自己，知道自己的缺陷，带着一颗容错的心，多几分从容。只有接受了事情的不完美，我们才能以更客观的视角去审视事情的本身，才能到达梦想的彼岸。

梦想启示

歌手莱昂纳德·科恩说："不够完美又何妨？万物皆有裂痕，那是光进来的地方。"别再试图把缝隙填满，允许它存在，让光透进来，世界不完美，也美。早一点接受世界的不完美，不要因缺陷而自怨自艾，从此便可心态更平和，态度更从容，一点点地学，一点点地变好，一点点地朝梦想靠近，人生亦无大憾。

愿你的青春不负梦想

人生如果没有了梦想，就如同船失去了灯塔，飘飘浮浮，终将会被淹没。碌碌无为是庸人所为，奋发图强才是智者之举。作为年轻人，不要给自己找太多理由，拥抱自己的梦想，珍惜青春的大好时光，坚持下去，你就会发现更多的机会与机遇。

在追求梦想的过程中，也许生活总不按我们想要的方式进行，会让我们陷入孤独、沉默中。但只有耐得住寂寞，才能守得住繁华。在该奋斗的年纪，千万不要选择了安逸。在孤独、沉默的日子里，不如多看几本书，多做一些有益的事，多提升自我的能力，也许在孤独的这段时间里，你播下的种子正在悄悄地生根、发芽，终有一天能长成参天大树。

世界上唯一可以不劳而获的是贫穷，而唯一可以无中生有的是梦想。当别人嘲笑我们的梦想太过于不切实际时，我们要守护好自己的梦想。因为即使梦想看起来是那么的遥不可及，但只要我们肯坚持、肯努力，梦想能到达的地方，终有一天，我们的脚步也能到达。

李彦宏说："一个人想要成功，想要改变命运，有梦想是重要的。"成长是一个不断尝试并最终获得智慧的过程，事在人为是一种积极的人生态度。想要取得进展就意味着要承担风险，不迈出第一步，就永远无法走出第二步。年轻的我们，每个人都应该心中有梦，找到自己的梦想，认准了去做，不要在乎别人的看法。同时，用我们的梦想去感染和影响身边的人，做一个时刻播种梦想的人，让梦想装点我们的青春。

青春是我们人生中最美丽的一道风景，是一生中最美丽的回忆。但是，没有为梦想奋斗的青春，是一个苍白的青春。青春应不负梦想，心存梦想，这样才会拥有未来。心存希望，幸福就会降临。

有些事情，不是看到了希望才去坚持，而是坚持了才能看到希望。最让人疲倦的往往不是梦想的路途有多长，而是我们心中对梦想的定位；最使人颓废的往往不是遇到的挫折，而是自信的丧失。因此，当全世界都在说放弃的时候，不如坚定地告诉自己：再试一次！趁着我们还年轻，趁着我们跌倒了还能站起来，学会脚踏实地吧。

　　青春要有梦想，就要有行动，行动会决定一切。坚持自己的梦想，为自己的梦想埋单。用有限的生命、短暂的青春，拥抱自己的梦想，造就更多的可能。

　　坚持梦想，让我们在青春年华拥有了无尽的可能。即使眼下不是我们想要的生活，又有什么关系？只要肯努力，勇于在逆境中拼搏，坚持梦想，我们依然可以走向生命的巅峰。从今天开始，全力以赴吧，不负青春，不负梦想！